handmade knit
BOUSHI

手編みのニット帽子

文化出版局編

introduction

ひんやりとした風を感じたら、そろそろ冬支度。
好きな毛糸を集めて手編みの帽子を編んでみませんか。
この本では、6人の作家による表情豊かな帽子を24点、
子どもの帽子も2点紹介しています。
伝統のアラン模様や色鮮やかな編込み模様、
クラシカルなモチーフなど、
多彩なデザインの帽子を集めています。
お気に入りを見つけたら編んでみましょう。
肌触りのいい良質な素材から編み出される
ハンドメイドのよさをゆっくり感じてください。
毛糸の暖かい空気に包み込まれると、きっと幸せな気持ちになります。

ケーブル模様のキャップ

上質なカシミアで編んだキャップは
肌触りがよく抜群の暖かさ。
鮮やかな赤、ベーシックなグレー、
どちらも持っていると便利です。
プロセス解説つき。

how to make → page **34,39**

デザイン・風工房　糸・リッチモア

アラン模様のキャップ

定番のアラン模様のキャップは
冬のマストアイテム。
長く愛用したいから、
ベーシックな生成りで編みました。

how to make → page 40

デザイン・青木恵理子　糸・ハマナカ

3色づかいのキャップ

3種類の編み地を組み合わせた
ユニークなデザイン。
かぶる向きによって
違った印象になるのが楽しみです。

how to make → page 42

デザイン・野口智子（eccomin）　糸・パピー

かのこ編みのワッチキャップ

ラフなシルエットのキャップは
後ろにクシュッとたるませて
かぶります。
ユニセックスなデザインで
プレゼントにも最適です。

how to make → page 44

デザイン・風工房　糸・リッチモア

玉編みのキャップ

ぷっくりした玉編みが
クラシカルな雰囲気のキャップは
女性らしい服によく似合います。
サイドのボタンがアクセント。

how to make → page 46

デザイン・岡本啓子　糸・リッチモア

かのこ編みのキャップ

模様の切替えが新鮮なデザイン。
トップの飾りと縁編みの
マスタード色が効いています。
カジュアルな装いにぴったり。

how to make → page **41**

デザイン・野口智子（eccomin）　糸・オカダヤ（マーノクレアール）

縞模様の編込みキャップ

カーキとベージュから
ベージュとパープルに切り替わる
縞模様がかわいいキャップ。
頭にフィットする形です。

how to make → page 48

デザイン・野口智子(eccomin)　糸・パピー

細編みのふわふわベレー

アルパカのふんわりした風合いが
優しい印象のベレー。
子ども用も大人と同じサイズです。
プロセス解説つき。

how to make → page **32, 45**

デザイン・風工房　糸・リッチモア

ノルディック柄のキャップ

手仕事のぬくもりを感じる
編込み模様のキャップ。
耳まですっぽりとかぶれば
防寒度がさらにアップ。
アウトドアシーンにも活躍しそう。

how to make → page 50

デザイン・風工房　糸・リッチモア

ノルディック柄のキャップ（子ども用）

16ページと同じデザインを
子ども用のサイズで編みました。
チクチクしない肌触りの毛糸と
大きなポンポンがお気に入り。

how to make → page 50

デザイン・風工房　糸・リッチモア

引上げ模様のカスケット

カシミア入りの毛糸が肌触りよく
たっぷりしたシルエットが心地いい
メンズライクなカスケット。
存在感のあるデザインです。

how to make → page 52

デザイン・風工房　糸・リッチモア

細編みのカスケット

ニュアンスのある混り糸を
細編みできっちり編んだ
ぽかぽかあったかなカスケット。
ボタンどめの後ろ姿にも注目です。

how to make → page 54

デザイン・岡本啓子　糸・リッチモア

透し模様のキャップ

透け感のある模様は
あえて甘くなりすぎない
色鮮やかなオレンジで編みます。
冬の着こなしが一気に華やぎます。

how to make → page 49

デザイン・岡本啓子　糸・リッチモア

フェアアイル模様のキャップ

多色の糸で幾何学模様を編み込んだ
トラディショナルなキャップ。
この帽子一つでいつもの服が
ぐんとおしゃれになります。

how to make → page 56

デザイン・青木恵理子　糸・リッチモア

コサージュつきのキャップ

レトロな雰囲気のキャップは
縁の玉編みがアクセント。
コサージュは23ページの
子ども用の耳当てと同じ編み方です。

how to make → page 58

デザイン・岡本啓子　糸・リッチモア

耳当てつきのキャップ（子ども用）

お花のモチーフを耳当てにした
女の子らしいデザイン。
モチーフはモヘアヤーンで
立体的に仕上げます。
親子でおそろいになるのもうれしい。

how to make → page **60**

デザイン・岡本啓子　糸・リッチモア

ヘリンボーン柄のキャップ

スタンダードな着こなしにぴったりな
ヘリンボーン柄のキャップ。
2色の糸を編み込むことで厚地になり、
暖かさが倍増します。

how to make → page 57

デザイン・兵頭良之子　糸・リッチモア

編込み模様のキャップ

ざっくりとした甘よりの糸が
ほどよくフィットしたかぶり心地。
淡いトーンの編込み模様が
どんな服にもよく似合います。

how to make → page 62

デザイン・野口智子（eccomin）　糸・ハマナカ

フーデッドネックウォーマー

寒い日はボタンを全部とめて
すっぽりとかぶります。
カシミア入りの柔らかな肌触りが
暖かくて幸せな気持ちに。

how to make → page 64

デザイン・青木恵理子　糸・リッチモア

2wayスヌード&キャップ

ひもをキュッと結べばキャップに、
そのままかぶればスヌードに。
ぽってりとした存在感が魅力。
まっすぐ編みなので簡単です。

how to make → page 63

デザイン・青木恵理子　糸・リッチモア

page 6,7 ケーブル模様のキャップの編み方 | 編み方図 page 39

棒針編みの帽子は輪に編み、トップで減らして最終段で目を絞ります。4本針または輪針（40cm）を使用しますが、輪針の場合、目数が少なくなるトップで4本針に替えて編みます。
※写真では、わかりやすい糸と針に替えて解説しています。

指に糸をかける作り目

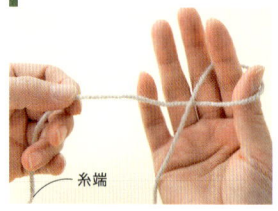

1 糸端から編む寸法の約3倍の長さのところで輪を作ります。

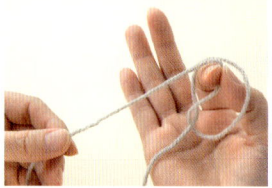

2 輪の中から糸を引き出します。

3 棒針を2本そろえて輪の中に通して、目を引き締めます。

4 短いほうを左手の親指に、糸玉のほうを人さし指にかけます。

5 親指にかかっている糸を、手前からすくいます。

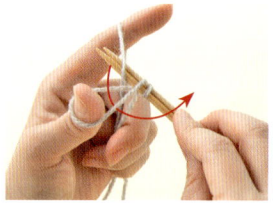

6 人さし指にかかっている糸を、向う側からすくって、親指にかかっている糸にくぐらせます。

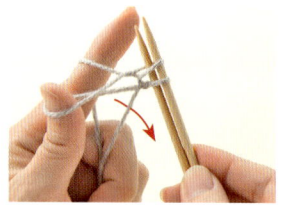

7 親指にかかっている糸をはずし、その下側をかけ直しながら目を引き締めます。

8 5〜7を繰り返して必要目数を作ります。

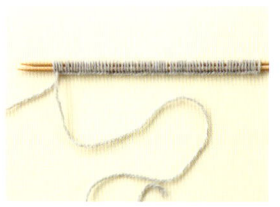

9 これを表目1段と数えます。

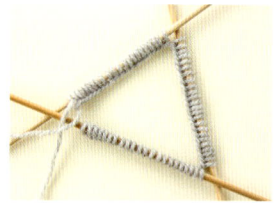

10 棒針を1本抜き、3本の針に分けます。編み目がねじれないように注意して編みます。

●輪針で編む場合は、編始めの位置にマーカーなどで印をつけておきます。

2目ゴム編み

11 裏目は針を向う側から入れて、糸をかけて向う側に引き出します。

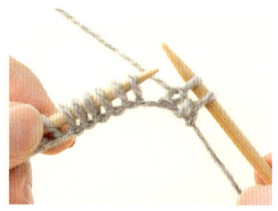

12 2目編みます。

13 表目は針を手前から入れて、糸をかけて引き出します。

14 表目2目、裏目2目を繰り返します。

15 52段編みます。10段ごとに段数マーカーをつけておくと数えやすくなります。

ケーブル模様のキャップの編み方

模様編み

右上3目交差

16 3目を別針（または縄編み針）に通します。

17 3目を手前に休め、次の3目を表目で編みます。

18 休めておいた3目を表目で編みます。

19 右上3目交差が編めました。

裏目の左上2目一度

20 2目の右側から一度に針を入れます。

21 針に糸をかけて、向う側に引き出します。

22 裏目の左上2目一度が編めました。

右上2目一度

23 手前から針を入れて、右針に1目移します。

24 左の目に針を入れ、糸をかけて引き出して表目を編みます。

25 表目が編めました。

26 右針に移した目に左針を入れます。

27 編んだ目にかぶせて、左針をはずします。

左上2目一度

28 右上2目一度が編めました。

29 2目の左側から一度に針を入れます。

30 糸をかけて引き出し、2目一緒に表目を編みます。

31 左上2目一度が編めました。

ケーブル模様のキャップの編み方

模様編み　右上2目交差

32 2目を別の針に通し、手前に休めてp.35の右上3目交差と同様に編みます。

33 右上2目交差が編めました。

34 編み方図を参照して、編み進みます。

● 輪針を使用している場合、ここから目数が少なくなるので4本針を使います。

模様編み　右上1目交差

35 右の目の向う側から左の目に針を手前から入れます。

36 針に糸をかけて引き出し、表目を編みます。

37 引き出したところです。

38 左の目は針にかけたまま、右の目も表目で編みます。

39 左針の2目をはずし、右上1目交差が編めました。

40 編み方図を参照して、最後まで編みます。

トップを絞る

41 糸端を約20cm残してカットしてとじ針に通し、全目に糸を通します。もう一度通すとしっかりします。

● 目数が多いときは1目おきに糸を通します。2周めは、1周めで通さなかった目に通します。

42 糸を通したら、棒針をはずします。

43 糸を引き締め、中心から針を入れて裏側に糸端を出します。

糸始末

44 目がゆるまないように、1目分すくって引き締めします。

45 糸を3cmくらい編み地にくぐらせます。編始めの糸も、折り返したときに裏になるほうにくぐらせます。ケーブル模様のキャップができました。

page 29 横編みのキャップの編み方　編み方図 page 68

引返し編みは、かけ目とすべり目を繰り返して編み、
段消しでかけ目と2目一緒に編み、穴があかないようにします。

※編み残す引返し編みは6段めから、編み進む引返し編みは17段めから解説しています。

編み残す引返し編み

6段め

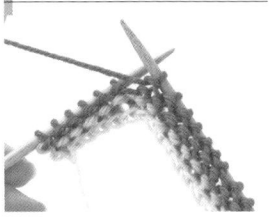

1　5段めまで増減なく編みます。6段めは最後の6目休み目して編み地を返します。

7段め

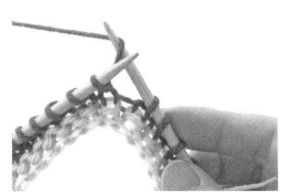

2　7段めの最初は、糸を手前からかけます（かけ目）。

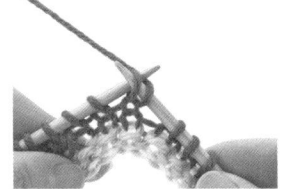

3　左針にかかっている1目を右針に移します（すべり目）。

4　移したところです。記号図どおり編み進みます。

8段め

5　8段めは、かけ目の手前の4目を休み目して（針には11目）、編み地を返します。

9段め

6　2～4と同様に編みます。

11段め

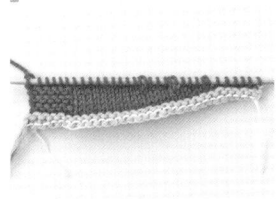

7　11段めまで編んだところです。

12段め（段消し）

8　グレーの糸に替えて編みます。

9　前段のすべり目の手前まで編んだところです。

10　前段のすべり目を裏目で編みます。

11　○、△の順に手前から針を入れて、右針に移します。

12　右針に移した2目に、左針を手前から入れます。

13　左針に2目を移したら、右針をはずします。

14　○と△が入れ替わりました。移した2目に向う側から右針を入れます。

15　2目一緒に裏目で編みます。

16　段消しが編めました。繰り返して12段めの最後まで編みます。

横編みのキャップの編み方

編み進む引返し編み
17段め

17 16段めは14目休み目して編み地を返し、17段めの最初は糸を手前からかけます（かけ目）。

18 次の目をすべり目にします。記号図どおり編み進みます。

18段め

19 前段のすべり目を裏目で編みます。

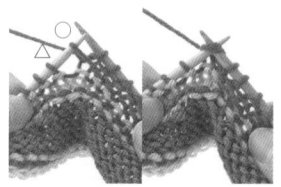
20 11～14と同様に、○と△の目を入れ替えます。

21 2目一緒に裏目で編みます。続けて裏目を3目編みます（段消し）。

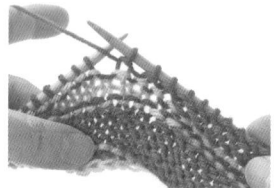
22 18段めが編めました。左針に10目休み目して編み地を返します。

22段め

23 記号図どおり編み進み、22段めまで編めました。

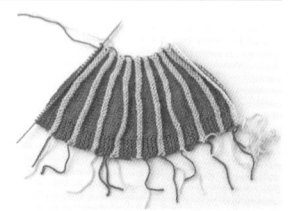
24 1～23を繰り返します。編終りは休み目にします。

引抜きはぎ

25 編始めの目を棒針に移し、編終りの目と中表にして、1目ずつかぎ針を入れて糸をかけて引き抜きます。

 (26)
26 引き抜いた目が編み地の大きさと同じになるようにして、最後まで編みます。

トップを絞る

27 表に返し、グレーの糸をとじ針に通して、右端のグレーの2目ずつをすくっていきます。

28 糸を2回通したら、引き締めます。両端を結び、糸始末をします。

ポンポンの作り方

29 ポンポンの直径+1cmの厚紙に、糸を指定の回数巻きます。この作品は3色を各33回巻きます。

30 約20cmの別糸（2本どり）を中央に2回巻いて結びます。

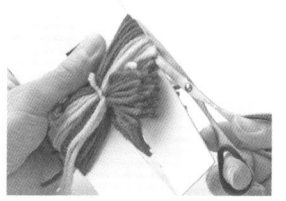
31 両側の輪をカットします。結んだ糸は残しておきます。

32 形よく切りそろえます。結んだ糸で帽子にとめつけます。

ケーブル模様のキャップ　page 6,7

[糸]リッチモア　カシミヤ（20g 玉巻き 合太）
赤（110）またはグレー（105）60g
[針]2号、4号 4本棒針または輪針 40cm
[ゲージ]模様編み　30.5目 40段が10cm四方
[サイズ]頭回り 52cm、深さ 23.5cm

[編み方]指に糸をかける方法で作り目をして輪に編み始めます。2目ゴム編みを52段編み、続けて模様編みを増減なく48段編みます。トップは目を減らしながら編みます。残った目に糸を2回通して絞ります。※プロセス解説は34ページにあります。

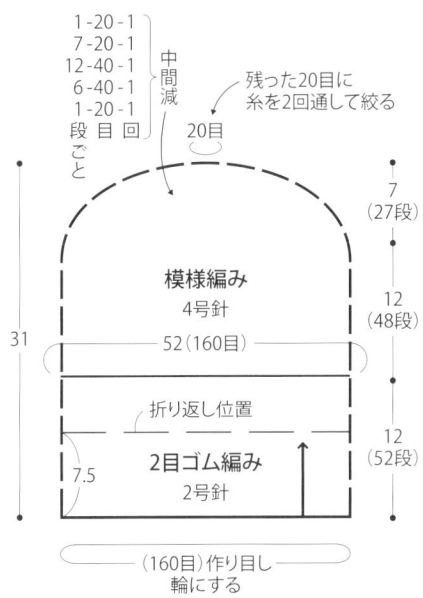

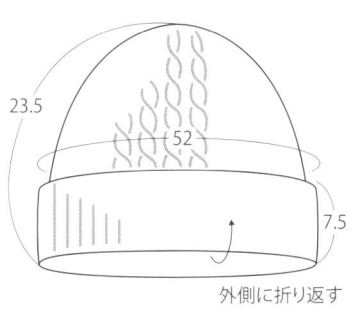

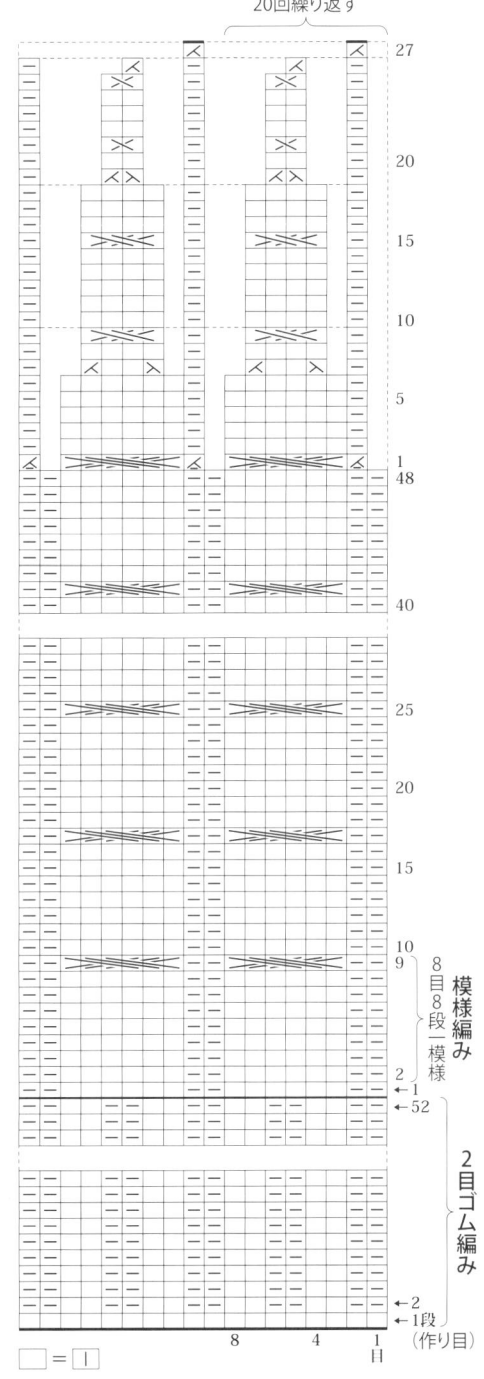

□ = │

39

アラン模様のキャップ page 8

[糸] ハマナカ　ソノモノアルパカウール (40g玉巻き 極太)
生成り (41) 105g
[針] 10号4本棒針または輪針40cm
[ゲージ] 模様編み　17目24.5段が10cm四方
[サイズ] 頭回り48cm、深さ20cm

[編み方] 指に糸をかける方法で作り目をして輪に編み始めます。変りゴム編みを12段編み、続けて模様編みを増減なく33段編みます。トップは目を減らしながら編みます。残った目に糸を通して絞ります。ポンポンを作り (p.38参照) トップにつけます。

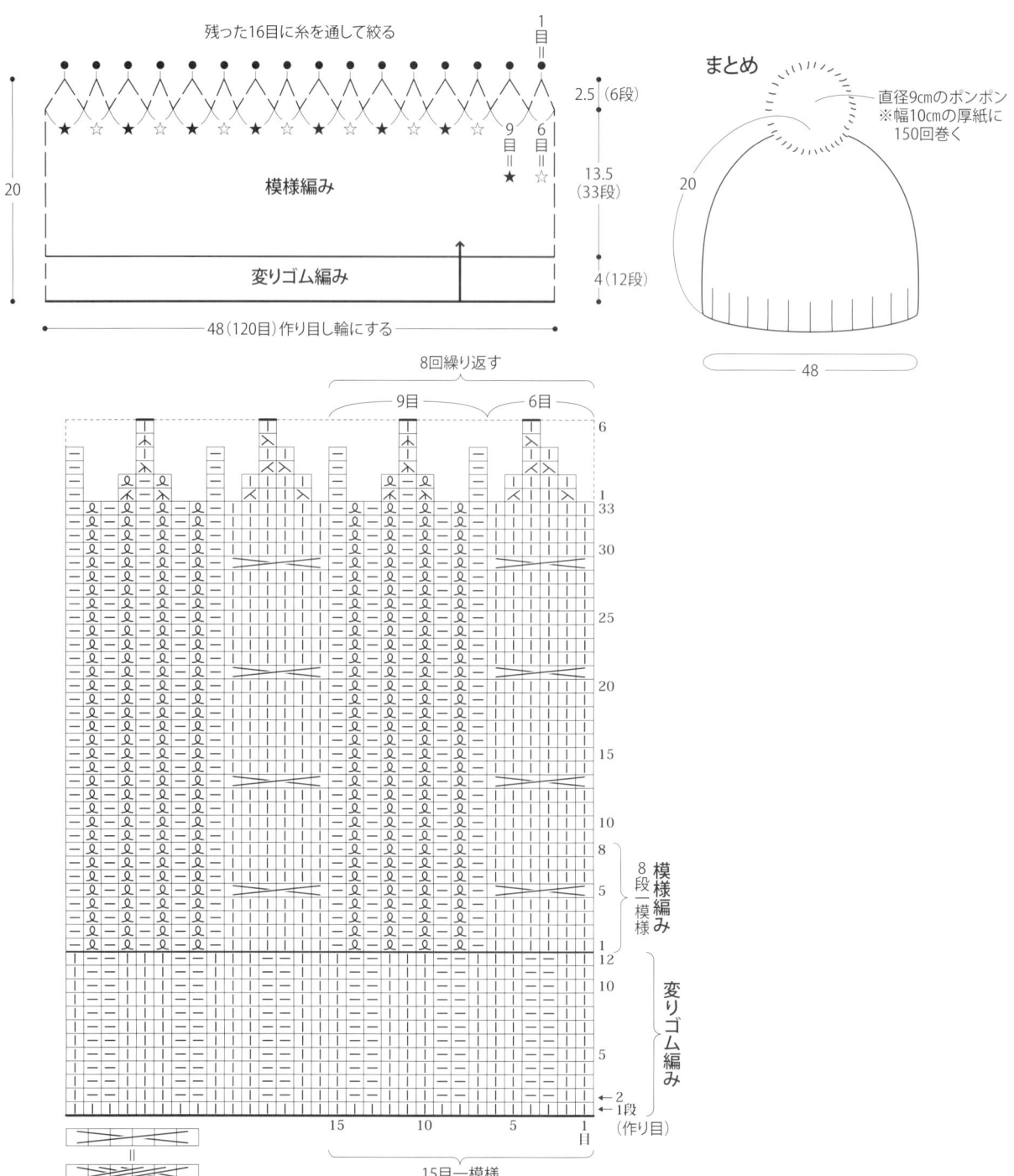

かのこ編みのキャップ　page 12

[糸] オカダヤ　Daily メリノウール（40g 玉巻き 並太）
杢グレー（18）40g、深緑（9）10g、マスタード（5）5g
[針] 7号 4本棒針または輪針 40cm、7/0 号かぎ針
[ゲージ] 編込み模様　19目 27.5段、かのこ編み　19目 32段が 10cm四方
[サイズ] 頭回り 50cm、深さ 23cm

[編み方] 指に糸をかける方法で作り目をして輪に編み始めます。1目ゴム編みを4段編み、続けて編込み模様を22段、かのこ編みを24段増減なく編みます。トップは目を減らしながら編みます。残った目に糸を通して絞ります。飾りを編み、トップにつけます。

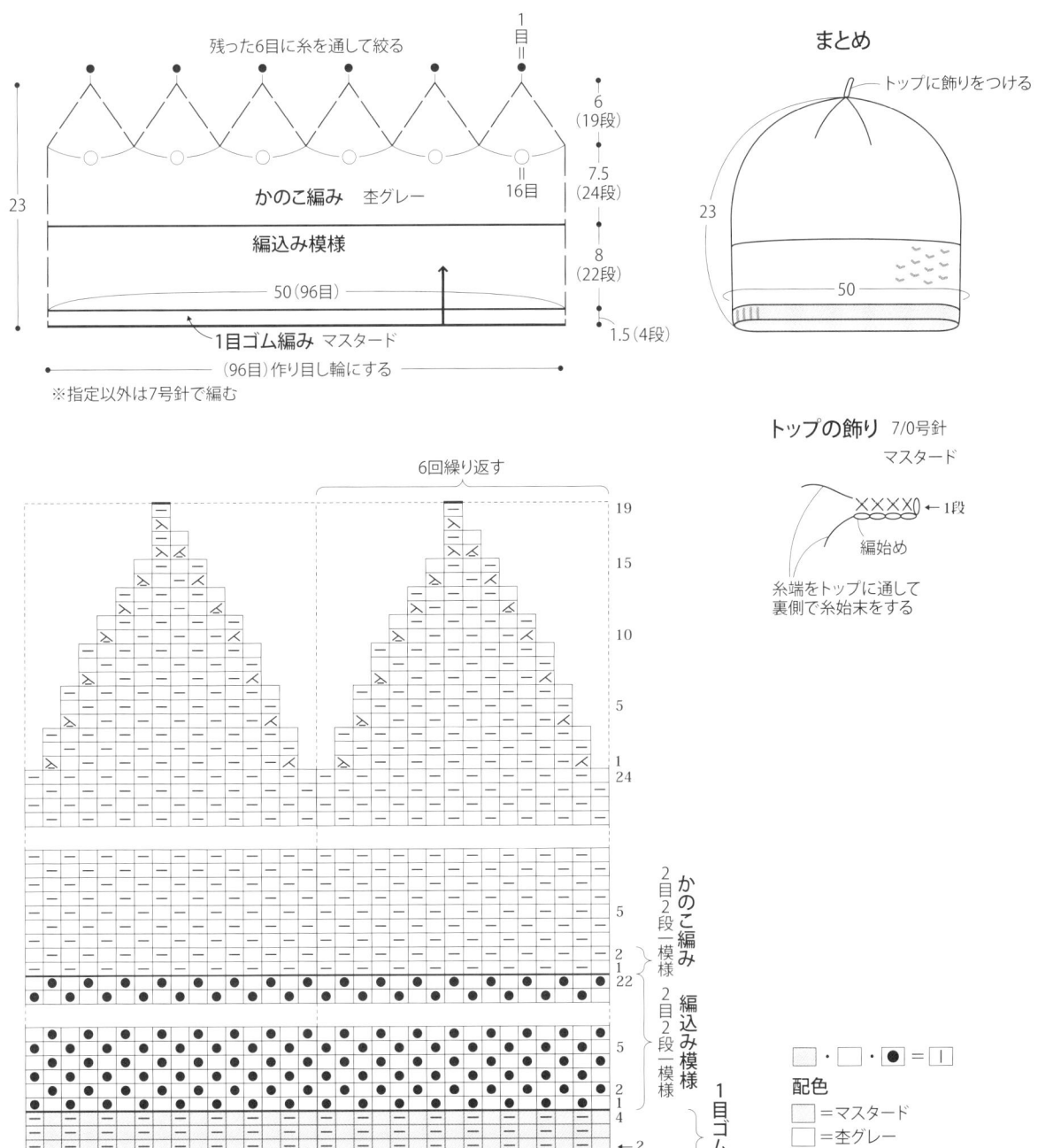

3色づかいのキャップ　page 9

[糸] パピー　クイーンアニー (50g玉巻き 並太)
グレー (832) 45g、ピンク (970) 45g、ターコイズ (986) 30g
[針] 7号4本棒針または輪針40cm、7/0号かぎ針
[ゲージ] かのこ編み　19目33段、模様編み　21目26段が10cm四方
[サイズ] 頭回り50cm、深さ22cm

[編み方] 2枚のパーツはそれぞれ、別糸を使って作る方法で作り目をして編み始め、往復に編みます。トップは目を減らしながら編み、編終りの目は休めておきます。合い印どうしをすくいとじで合わせますが、かのこ編みの段数が多いので、3～4段おきにかのこ編みの段を2段ずつすくって調整します。休めておいた目に糸を通して絞ります。編始めの別糸ほどいて目を拾い、とじ分の2目を一緒にして、1目ゴム編みを輪に28段編みます。編終りは1目ゴム編み止めにします。ポンポンを3本どりで作り (p.38参照) トップにつけます。

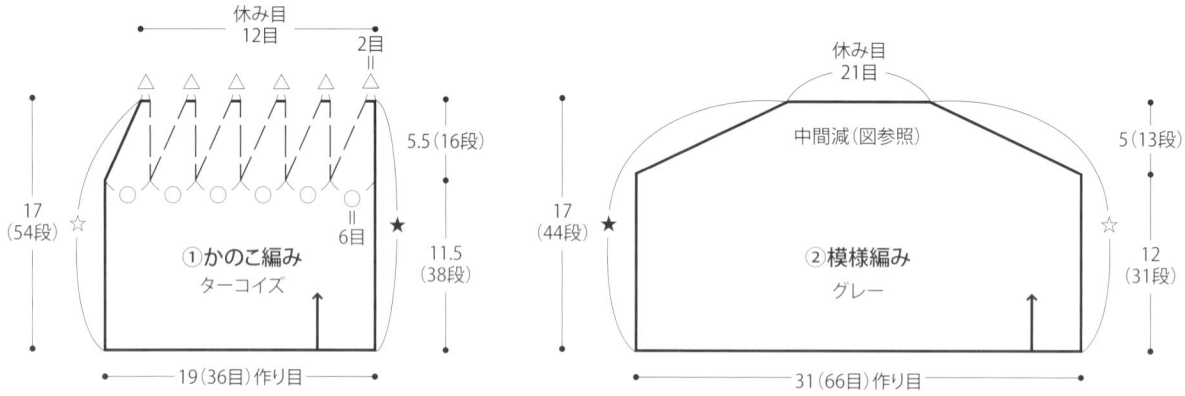

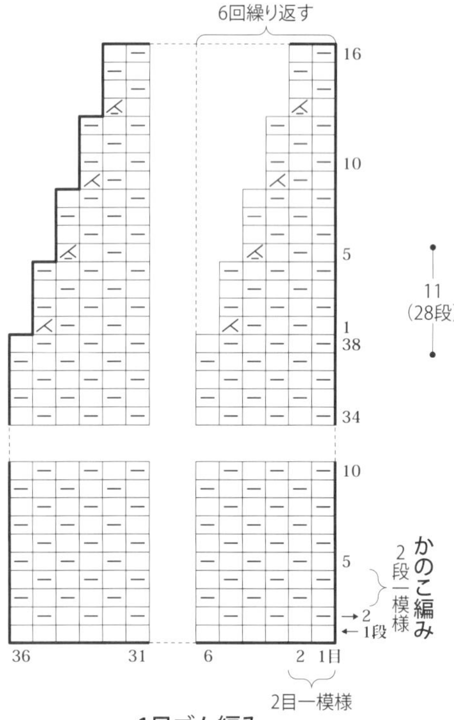

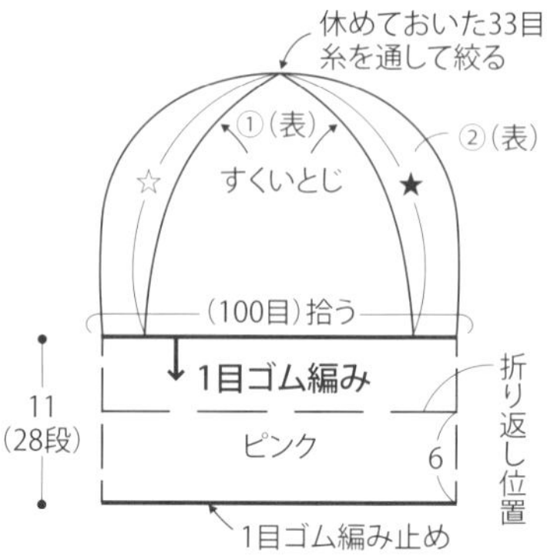

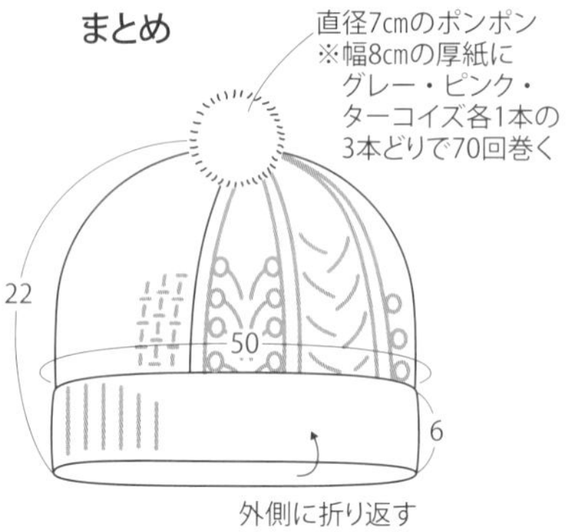

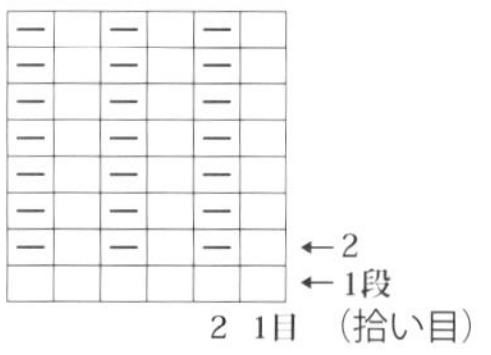

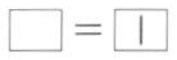

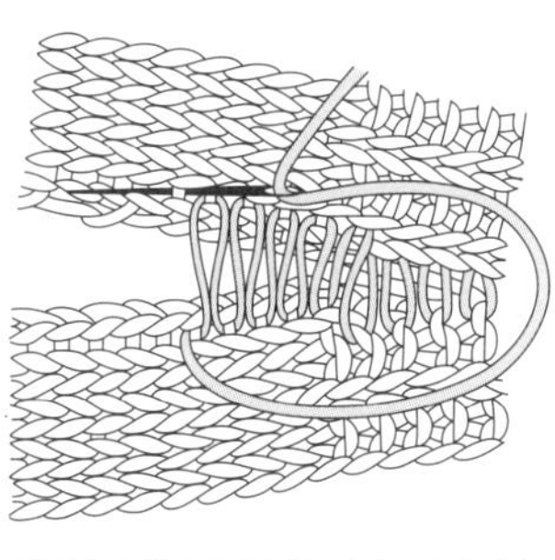

②模様編みとトップの減し方

ノルディック柄のキャップ page 16,17

[糸] リッチモア　スペクトルモデム (40g 玉巻き 極太)
大人用：ブルー (22) 70g、生成り (1) 35g
子ども用：生成り (1) 60g、赤 (32) 25g
[針] 8号、7号、6号 4本棒針または輪針 40cm
[ゲージ] 編み模様　22目25段が10cm四方
[サイズ] 大人用：頭回り53cm、深さ26cm
子ども用 (身長110cm)：頭回り51cm、深さ21cm

[編み方 (共通)] 指に糸をかける方法で作り目をして輪に編み始めます。2目ゴム編みを編みます。編込み模様は裏に糸が渡る方法で増減なく編みます。トップはメリヤス編みで目を減らしながら編みます。残った目に糸を1目おきに2周して絞ります。ポンポンを指定の2本どりで作り (p.38 参照) トップにつけます。

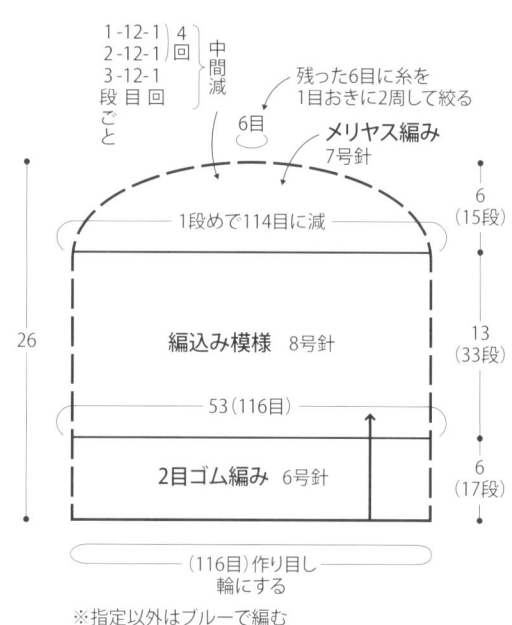

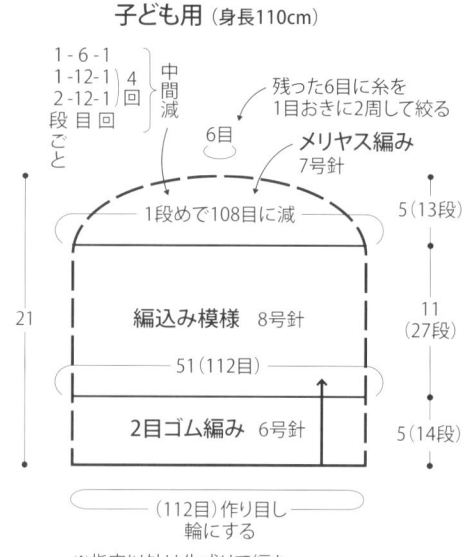

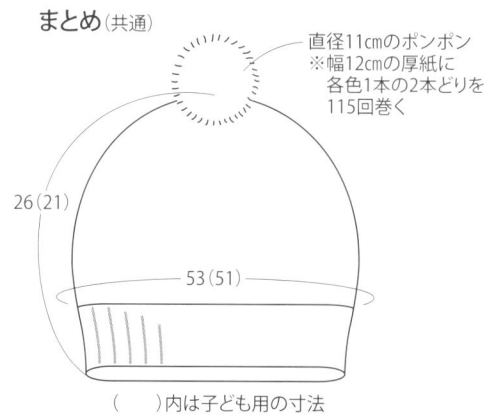

( )内は子ども用の寸法

トップの減し方（大人用）

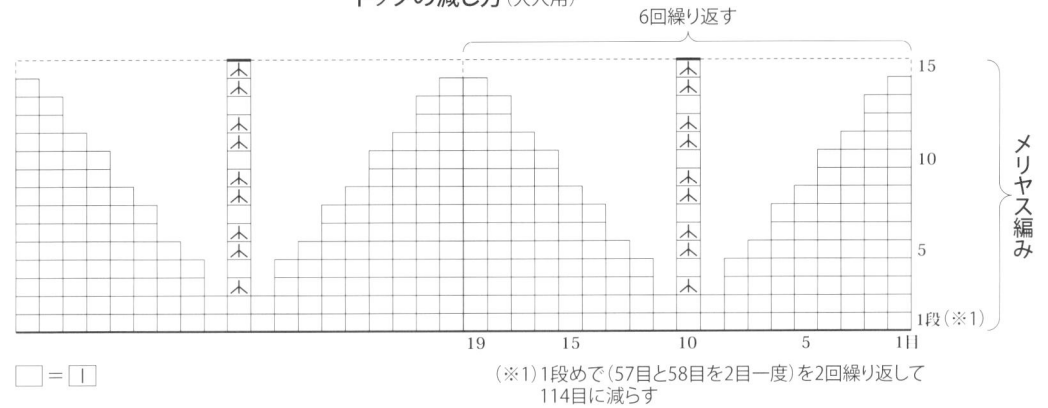

6回繰り返す

メリヤス編み

（※1）1段めで（57目と58目を2目一度）を2回繰り返して114目に減らす

トップの減し方（子ども用）

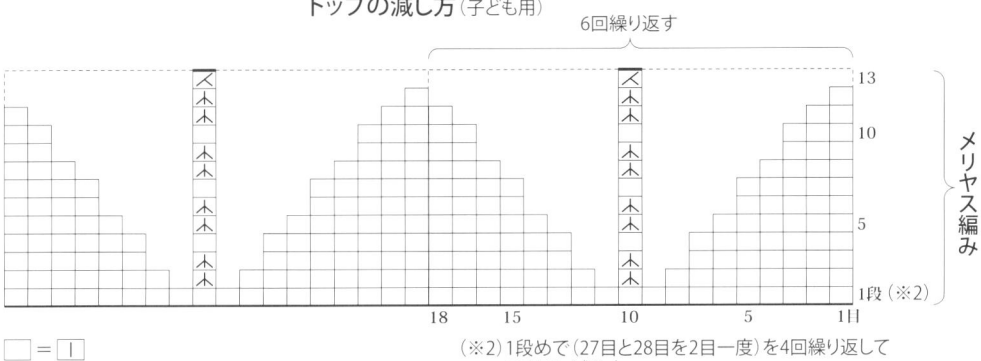

6回繰り返す

メリヤス編み

（※2）1段めで（27目と28目を2目一度）を4回繰り返して108目に減らす

編込み模様の図案

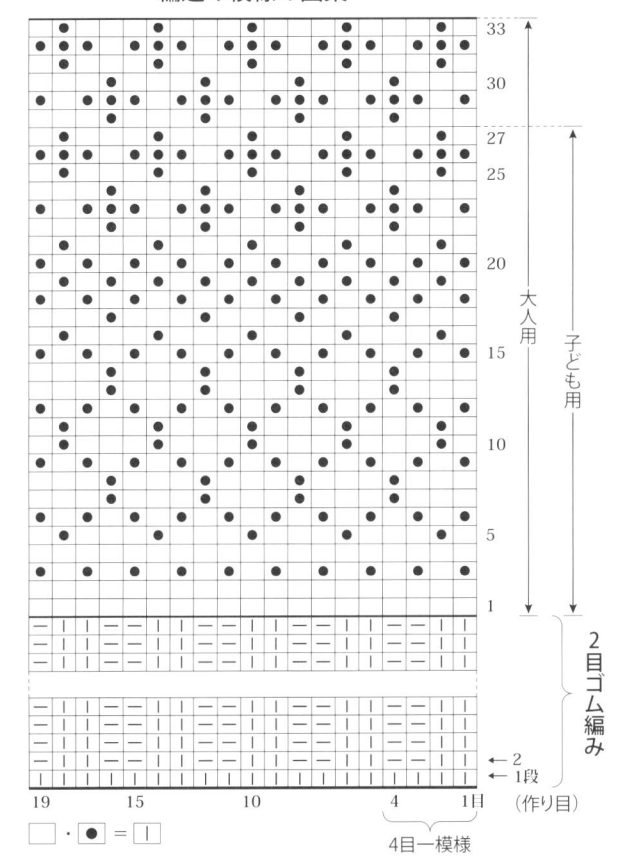

大人用
子ども用
2目ゴム編み
4目一模様
（作り目）

裏に糸を渡す編込み

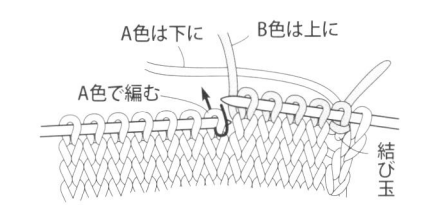

A色は下に　B色は上に
A色で編む
結び玉

1　B色の編始めは結び玉を作って右針に通してから編むと、目がゆるみません。結び玉は次の段ではずし、ほどきます

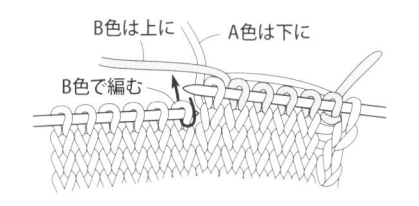

B色は上に　A色は下に
B色で編む

2　裏に渡る糸は編み地が自然におさまるように渡し、引きすぎないようにします

配色

	大人	子ども
□	ブルー	生成り
●	生成り	赤

引上げ模様のカスケット page 18

[糸] リッチモア　カシミヤメリノ（40g玉巻き 並太）
ブルーグレー（23）90g
[針] 6/0号、7/0号かぎ針
[ゲージ] 模様編み　17目9段が10cm四方
[サイズ] 頭回り56cm、深さ21cm

[編み方] 1重の輪の作り目でトップから編み始めます。模様編みで増減しながら編みます。細編みを増減なく6段編みます。ブリムは指定の位置に糸をつけて両端から減らしながら12段往復に編みます。縁の細編みは裏を見ながら1周編みます。

クラウン　模様編み　7/0号針
18
71(120目)
中間増 (10段)
中間減 (6段)
56(96目)
2.5(6段)　96目拾う
0.5(1段)　54目拾う
5.5(12段)
縁編み　細編み
細編み
ブリム　細編み

※細編みは6/0号針で編む

クラウン　模様編み

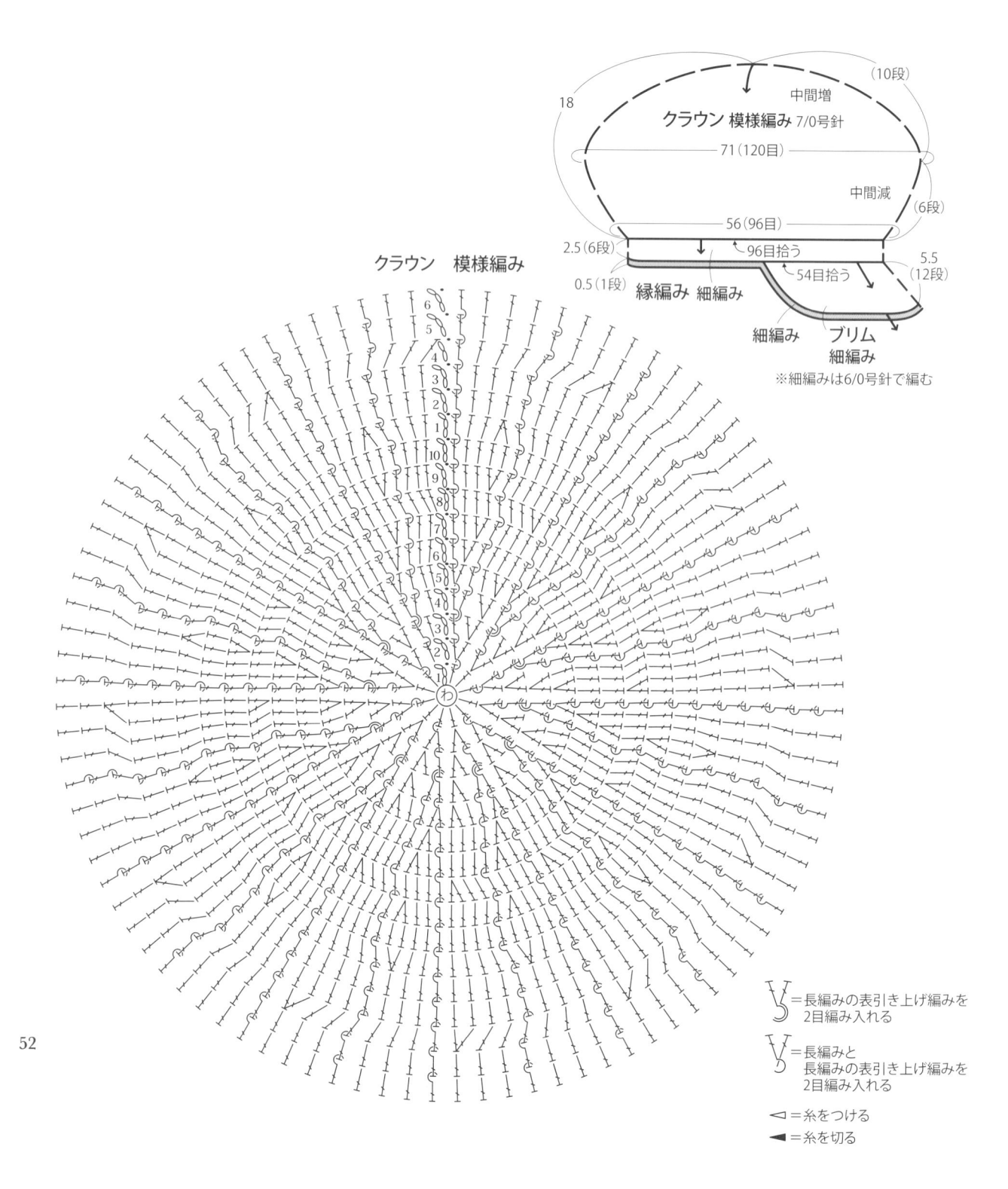

V = 長編みの表引き上げ編みを2目編み入れる

V = 長編みと長編みの表引き上げ編みを2目編み入れる

⊲ = 糸をつける
◀ = 糸を切る

縁編み、ブリム　細編み

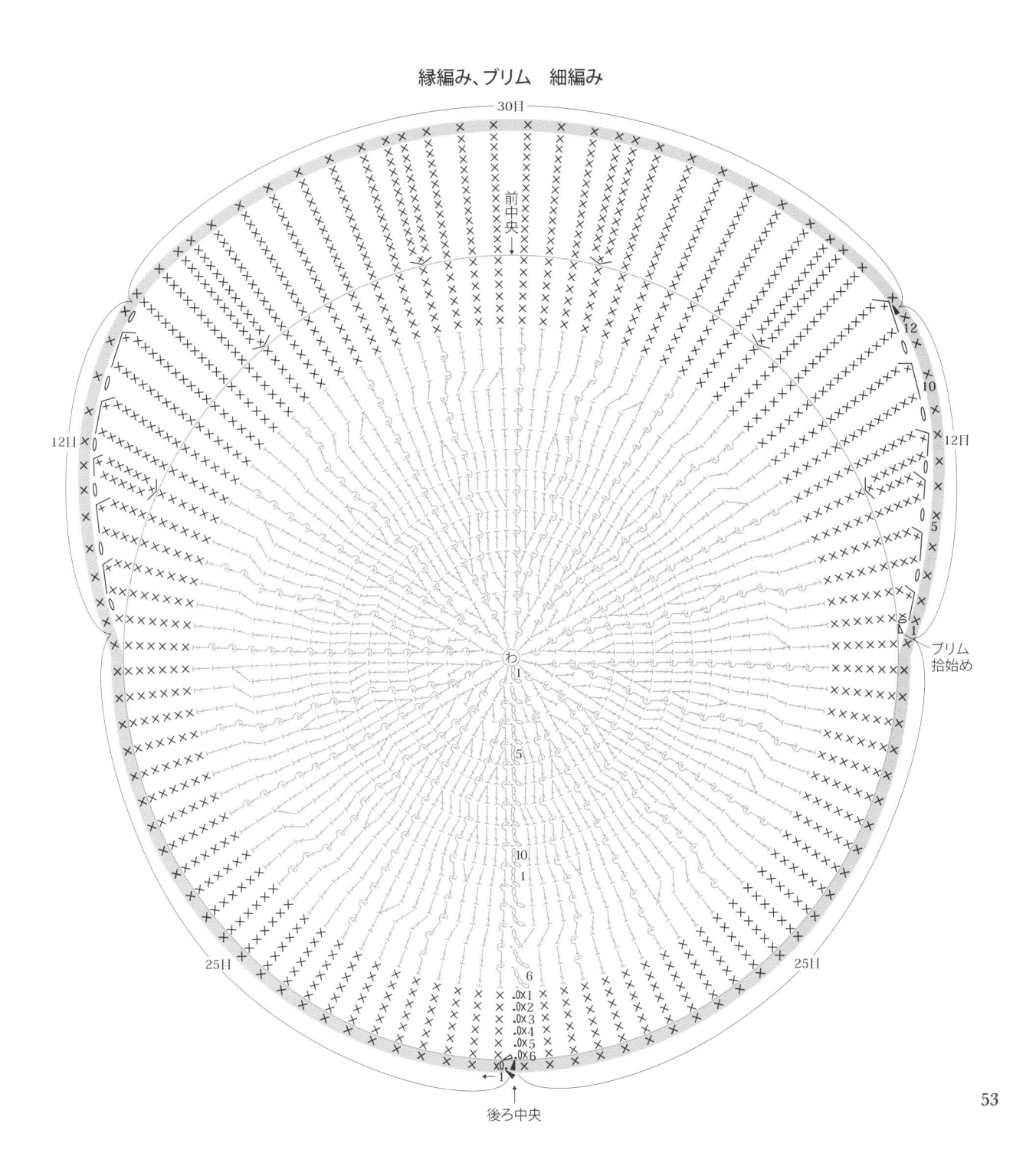

細編みのカスケット page 19

[糸] リッチモア　ピエトラ (40g 玉巻き 極太)
紺と茶のミックス (9) 95g
[針] 5/0号かぎ針
[ボタン] 直径2.5cm (黒) 2個
[ゲージ] 細編み　16目17.5段が10cm四方
[サイズ] 頭回り53cm、深さ18cm

[編み方] 1重の輪の作り目でトップから編み始めます。細編みで増減しながら編みます。ブリムは指定の位置に糸をつけて、増減しながら往復に編みます。縁に細編みを1段編んで整えます。後ろの飾りブリムは、クラウンの裏を見ながら拾います。飾りボタンをつけ、飾りブリムをクラウンにとめつけます。

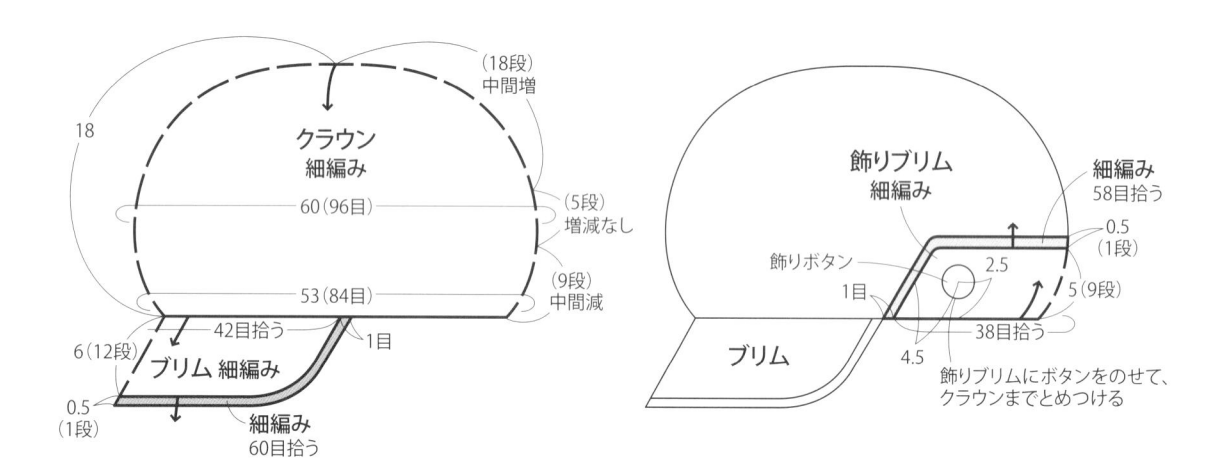

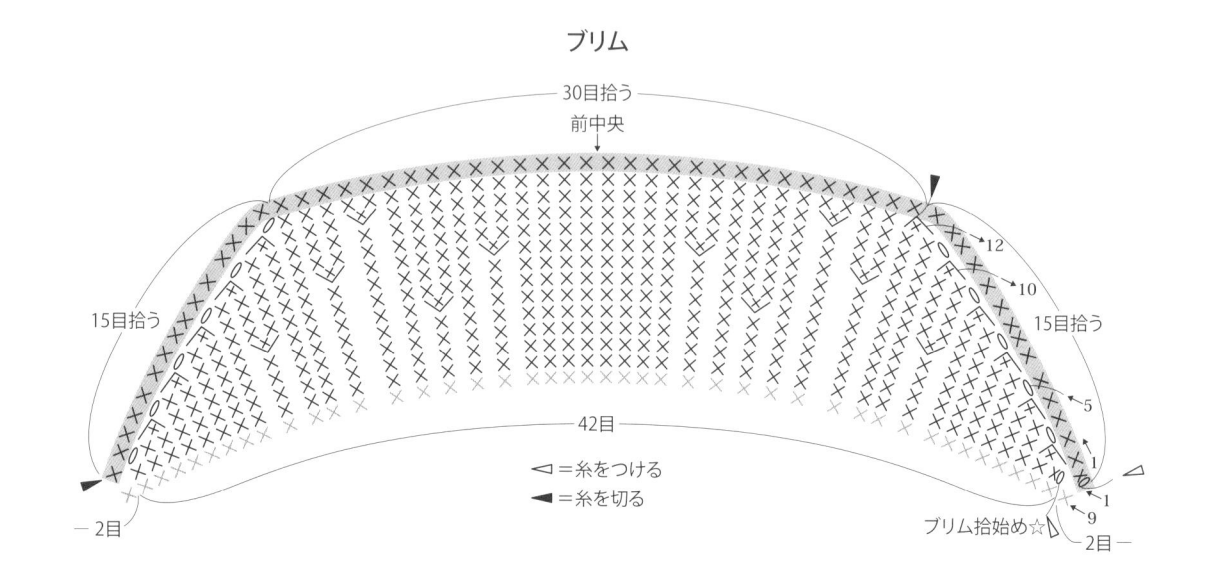

クラウン 細編み
18
60 (96目)
(18段) 中間増
(5段) 増減なし
53 (84目)
(9段) 中間減
42目拾う
1目
6 (12段)
0.5 (1段)
ブリム 細編み
細編み 60目拾う

飾りブリム 細編み
細編み 58目拾う
飾りボタン
2.5
1目
0.5 (1段)
5 (9段)
38目拾う
4.5
ブリム
飾りブリムにボタンをのせて、クラウンまでとめつける

ブリム
30目拾う
前中央
15目拾う
15目拾う
12
10
5
1
42目
2目
ブリム拾始め☆
1
9
2目

◁ = 糸をつける
◀ = 糸を切る

クラウン

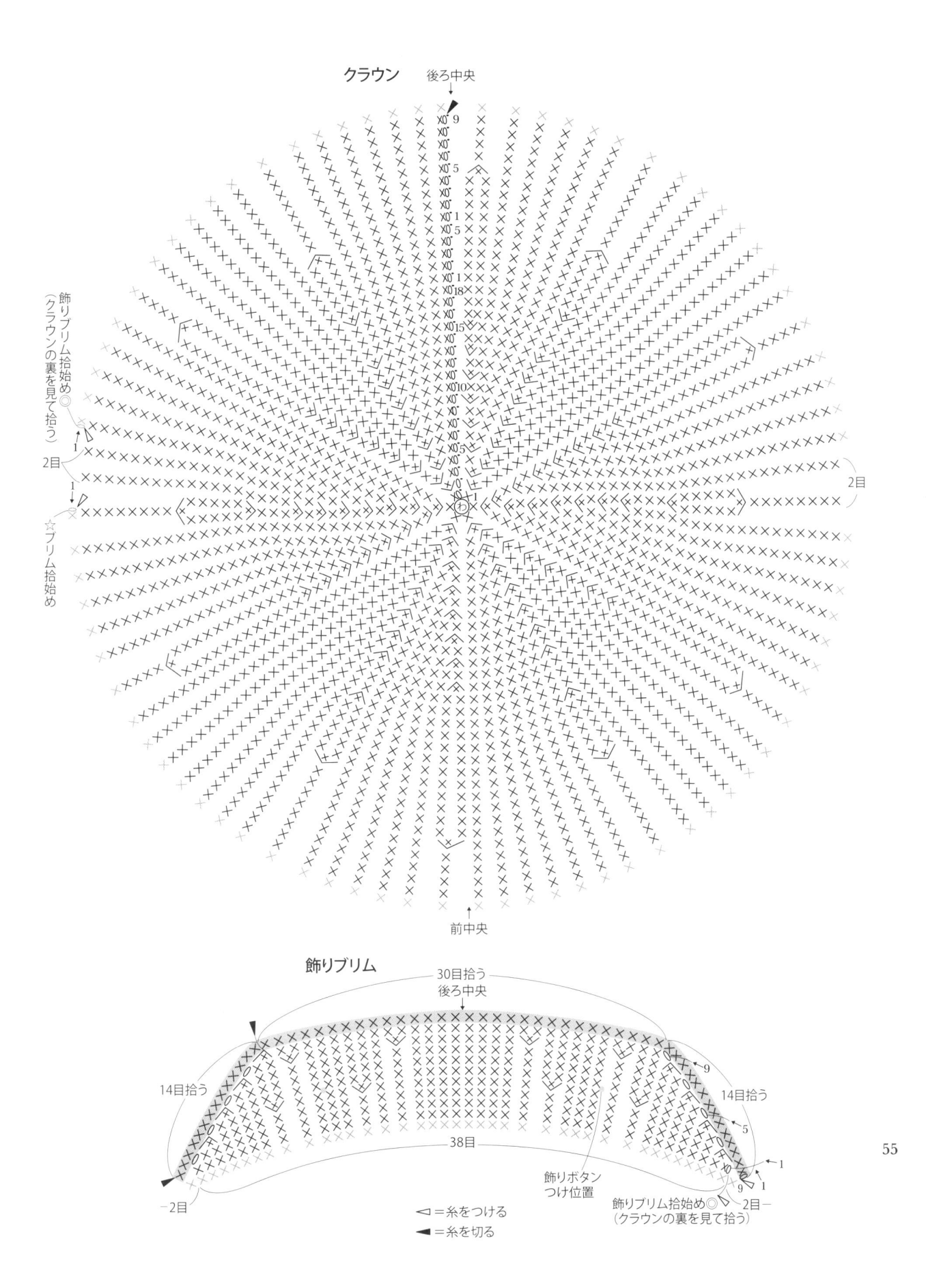

後ろ中央

前中央

飾りブリム拾始め
(クラウンの裏を見て拾う)

2目

☆ブリム拾始め

2目

飾りブリム

30目拾う
後ろ中央

14目拾う

14目拾う

38目

飾りボタン
つけ位置

飾りブリム拾始め
(クラウンの裏を見て拾う)

2目

-2目

◁ = 糸をつける
◀ = 糸を切る

フェアアイル模様のキャップ　page 21

[糸]リッチモア　パーセント (40g玉巻き 合太)
茶色 (100) 40g、ブルー (25) 8g、グリーン (33) 7g、紫 (50)、
ピンク (65) オレンジ色 (118) 各6g
[針] 5号4本棒針または輪針40cm
[ゲージ] 編込み模様　28目25段が10cm四方
[サイズ] 頭回り50cm、深さ22.5cm

[編み方] 指に糸をかける方法で作り目をして輪に編み始めます。2目ゴム編みを10段編みます。続けて裏に糸が渡る方法で編込み模様を増減なく34段編みます。トップはメリヤス編みで目を減らしながら編みます。残った目に糸を通して絞ります。ポンポンを6本どりで作り (p.38参照) トップにつけます。

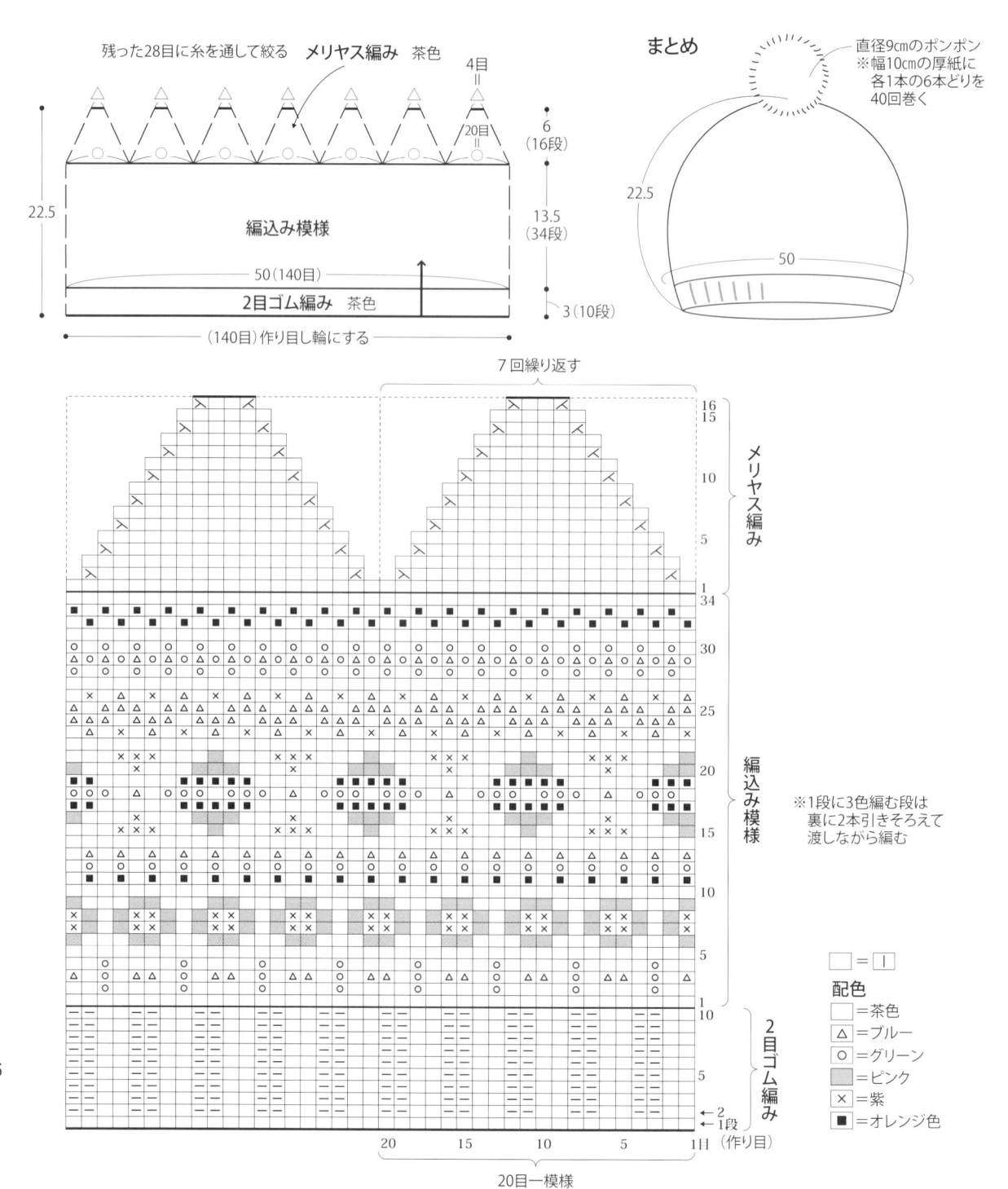

配色
□ = 茶色
△ = ブルー
○ = グリーン
▨ = ピンク
× = 紫
■ = オレンジ色

ヘリンボーン柄のキャップ　page 24

[糸] リッチモア　スペクトルモデム〈ファイン〉(40g 玉巻き 並太) キャメル (308) 65g、オフホワイト (301) 25g
[針] 7号、5号 4本棒針または輪針 40cm
[ゲージ] 編み模様　25.5目 26段が 10cm四方
[サイズ] 頭回り 50cm、深さ 21.5cm

[編み方] 別糸を使って作る方法で作り目をして輪に編み始めます。編み込み模様は裏に糸が渡る方法で増減なく 20段編みます。トップは目を減らしながら編みます。残った目に糸を 2回通して絞ります。別糸ほどいて目を拾い、2目ゴム編みを輪に 28段編みます。編終りは 2目ゴム編み止めにします。ポンポンを作り (p.38 参照) トップにつけます。

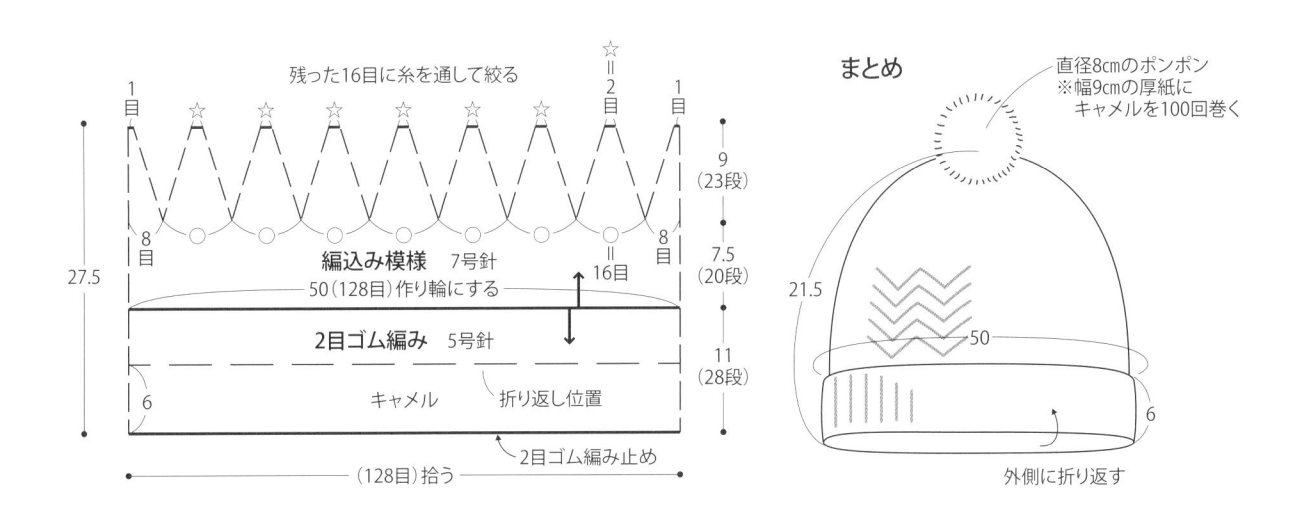

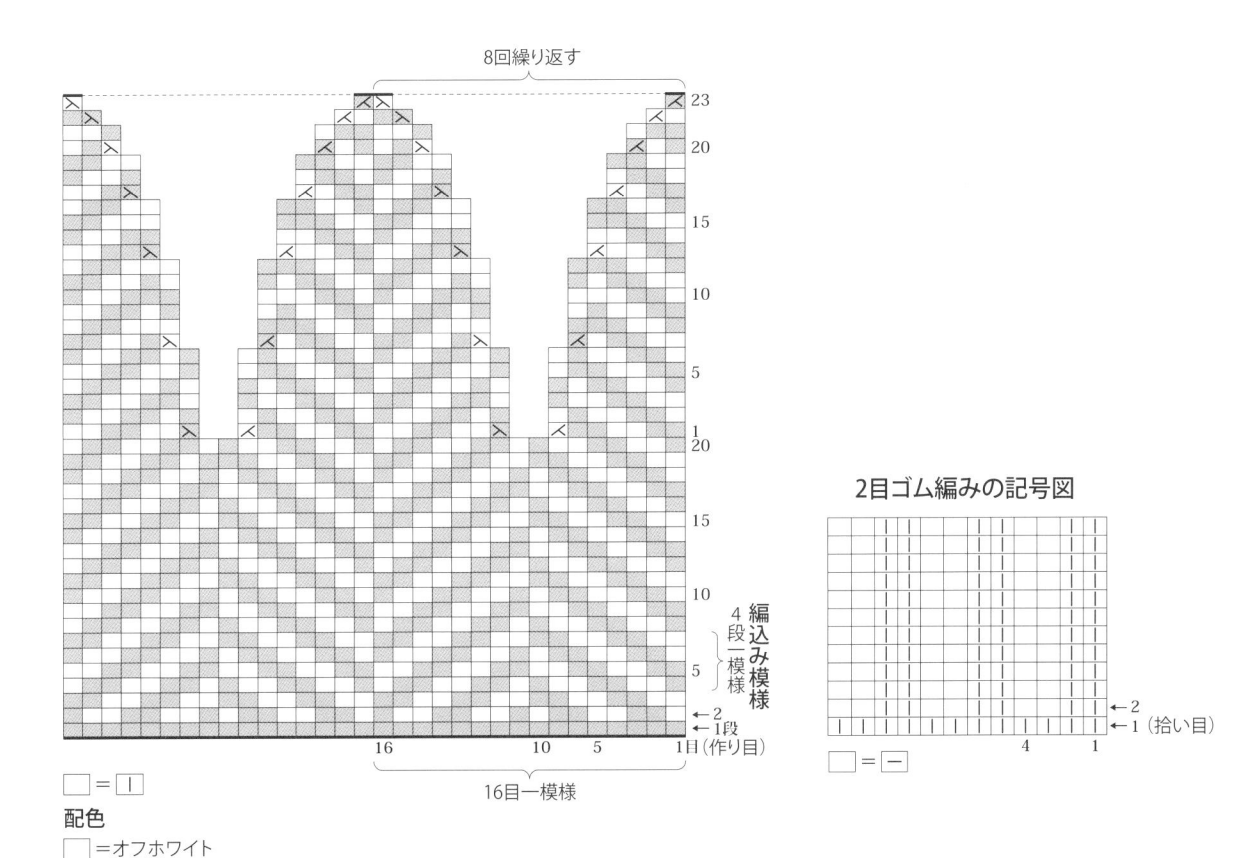

コサージュつきのキャップ　page 22

[糸] リッチモア　スターメ〈ファイン〉(30g 玉巻き 合太)
アイボリー (302) 65g
アルノ (30g 玉巻き 並太)　ベージュ系のミックス (1) 10g
[針] 5/0号かぎ針
[ゲージ] 模様編み　20目22.5段が10cm四方、
モチーフの大きさ　直径8.5cm
[サイズ] 頭回り50cm、深さ22.5cm

[編み方] 2重の輪の作り目で編み始めます。2段めから前段の鎖の向う側半目をすくう、細編みの筋編みで増減しながら編みます。4段めの長編みは1段めの細編みの筋編みで残った手前半分を拾います。7段めの長編み表引き上げ編みは、4段めの長編みの足を拾います。縁編みは1段めで減らしながら編みます。最終段はバック細編みで編みます。コサージュを編み、クラウンにとめつけます。

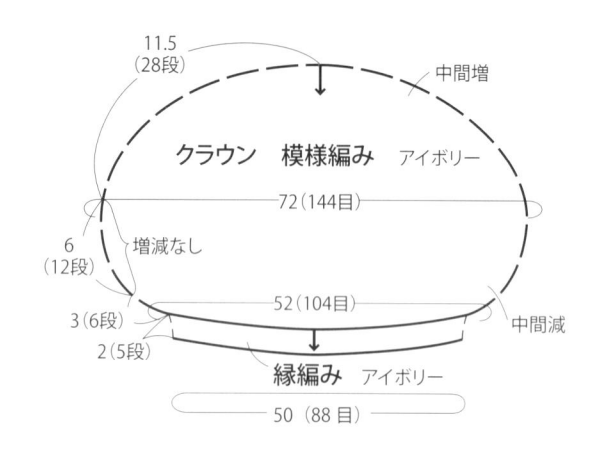

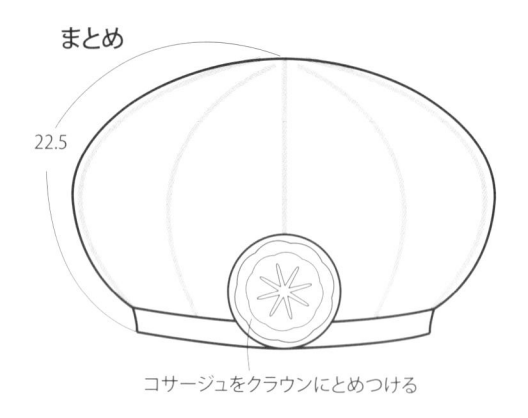

クラウン　模様編み　アイボリー
- 11.5 (28段)
- 中間増
- 72 (144目)
- 6 (12段)　増減なし
- 52 (104目)
- 中間減
- 3 (6段)
- 2 (5段)

縁編み　アイボリー
- 50 (88目)

まとめ
- 22.5
- コサージュをクラウンにとめつける

コサージュ
ベージュ系のミックス　1枚
◀ = 糸を切る

細編みの筋編み　×
前段の目を拾うとき、向う側の鎖半目をすくいます

8.5

※4段めの長編みは、3段めを手前に倒して2段めの細編み目を拾う
※6段めの長々編みは、5段めを手前に倒して4段めの鎖編みを束に拾う

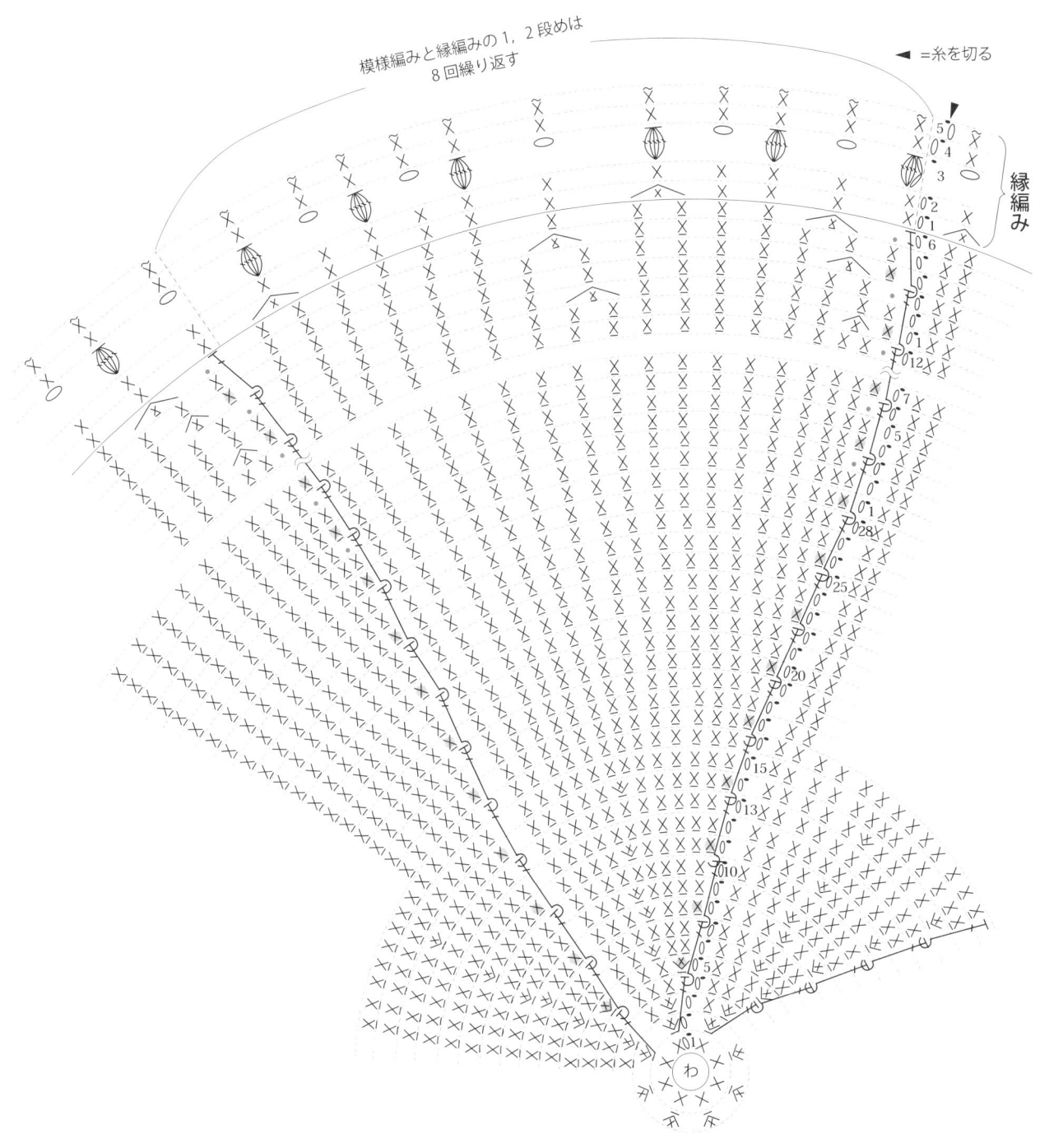

模様編みと縁編みの1, 2段めは
8回繰り返す

◀ =糸を切る

縁編み

⚡・✕ =前段の長編みの表引き上げ編みの
向う側の鎖半目をすくう
・ =目をとばす

耳当てつきのキャップ（子ども用 身長110cm） page 23

[糸] リッチモア　スターメ〈ファイン〉(30g 玉巻き 合太)
ローズピンク (308) 50g
アルノ (30g 玉巻き 並太)　ローズ系のミックス (4) 15g
[針] 5/0号かぎ針
[ゲージ] 模様編み　20目22.5段が10cm四方、
モチーフの大きさ　直径8.5cm
[サイズ] 頭回り46cm、深さ18.5cm

[編み方] 2重の輪の作り目で編み始めます。2段めから前段の鎖の向う側半目をすくう、細編みの筋編みで増しながら13段編みます。4段めの長編みは1段めの細編みの筋編みで残った手前半分を拾います。7段めの長編み表引き上げ編みは、4段めの長編みの足を拾います。続けて増減なく24段編みます。縁編みは1段めで減らしながら編みます。最終段はバック細編みで編みます。モチーフを2枚編み、三つ編みのひもをモチーフの裏側にとめつけ、クラウンの指定位置につけます。

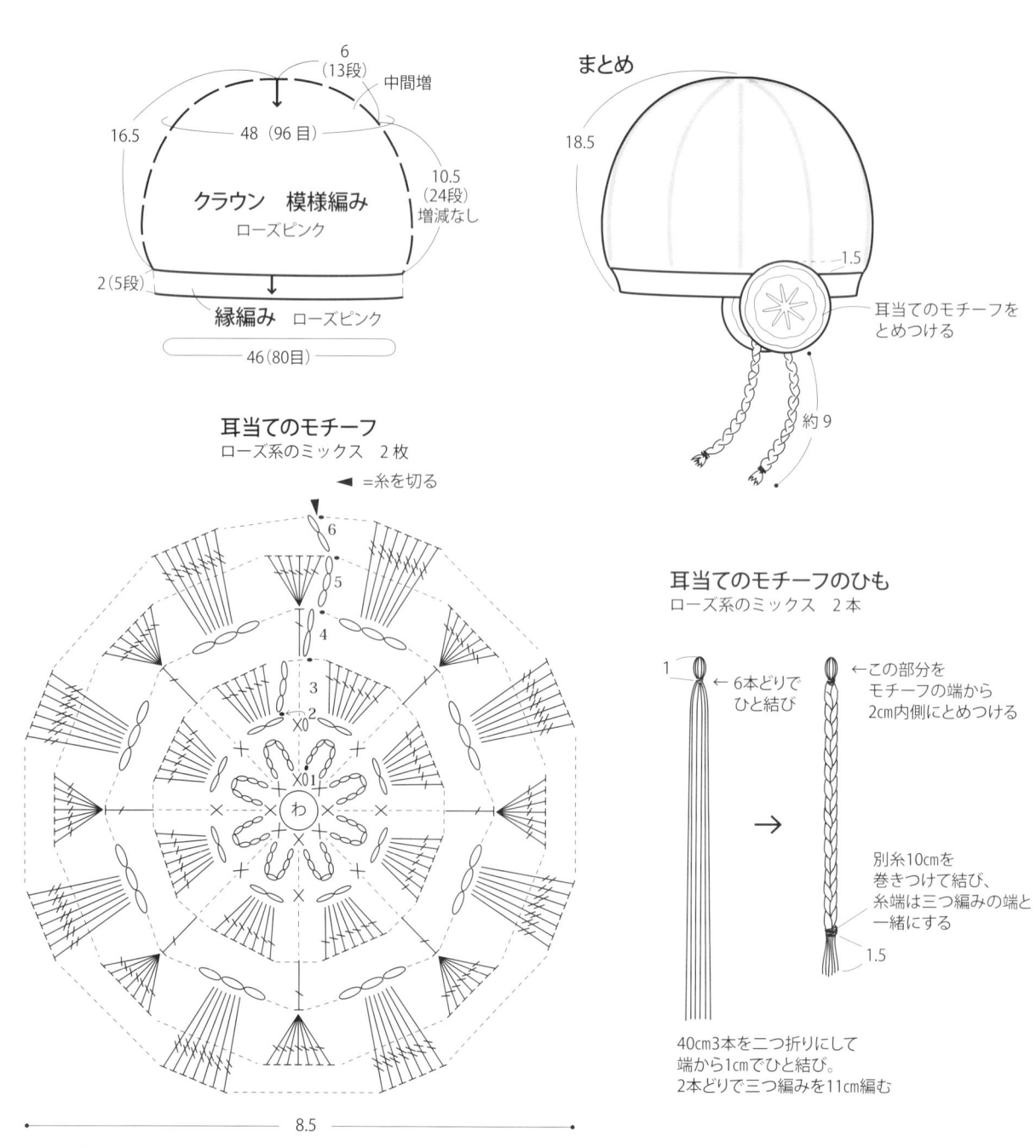

クラウン　模様編み　ローズピンク
6 (13段) 中間増
48 (96目)
16.5
10.5 (24段) 増減なし
2 (5段)
縁編み　ローズピンク
46 (80目)

まとめ
18.5
1.5
耳当てのモチーフをとめつける
約9

耳当てのモチーフ
ローズ系のミックス　2枚
◀ = 糸を切る

8.5

耳当てのモチーフのひも
ローズ系のミックス　2本

1
← 6本どりでひと結び
← この部分をモチーフの端から2cm内側にとめつける

別糸10cmを巻きつけて結び、糸端は三つ編みの端と一緒にする
1.5

40cm3本を二つ折りにして端から1cmでひと結び。
2本どりで三つ編みを11cm編む

※4段めの長編みは、3段めを手前に倒して2段めの細編み目を拾う
※6段めの長々編みは、5段めを手前に倒して4段めの鎖編みを束に拾う

8回繰り返す

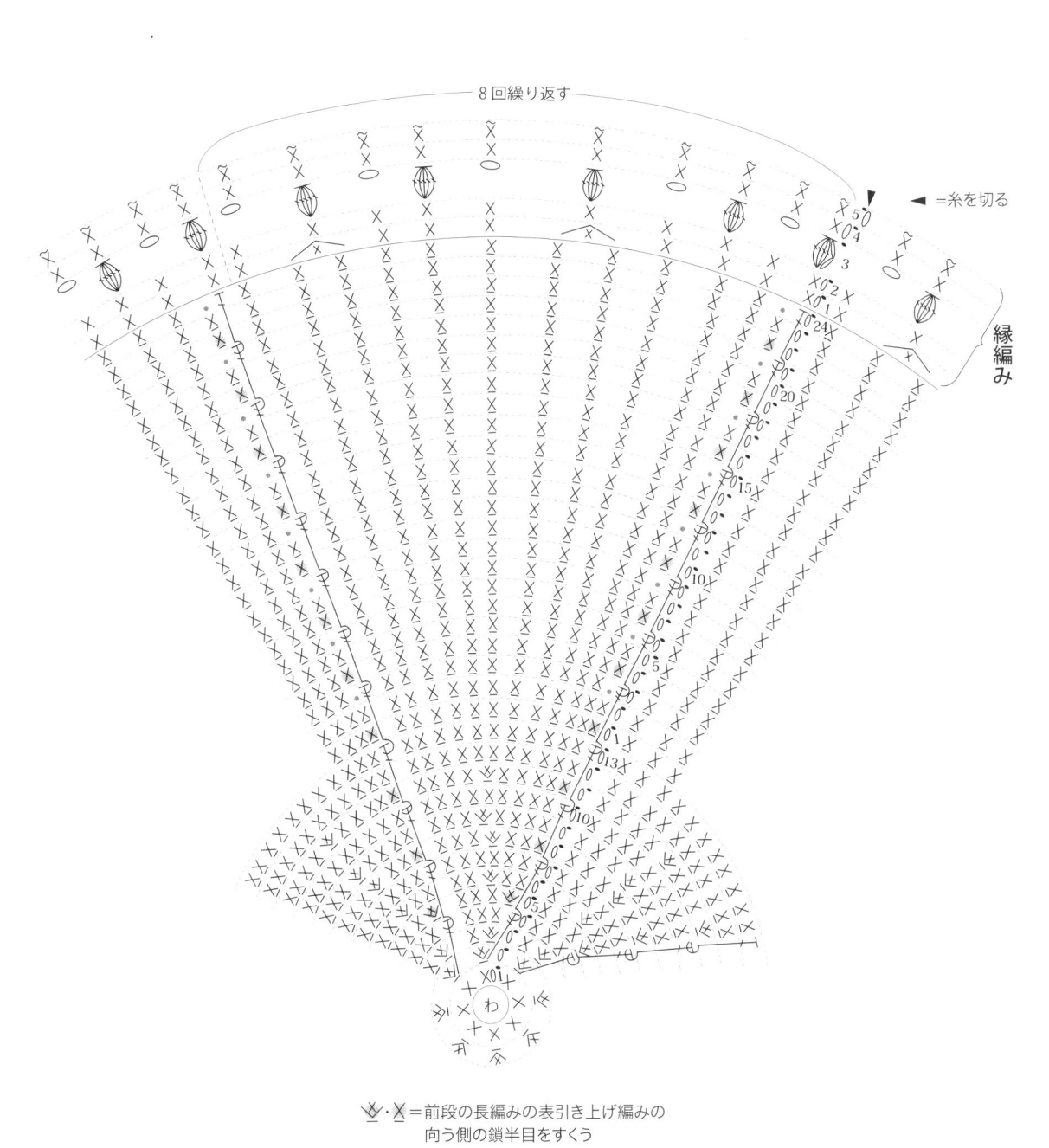

◀ =糸を切る

縁編み

⊻・X =前段の長編みの表引き上げ編みの
　　　向う側の鎖半目をすくう
　● =目をとばす

61

耳当てつきのキャップ　page 28

[糸] ハマナカ　エクシードウール L《並太》(40g 玉巻き 並太)
ターコイズブルー(346)、ダークローズ(336) 各30g、アイボリー(302) 25g
[針] 5号、6号4本棒針または輪針40cm、6/0号かぎ針
[ゲージ] 模様編み　17.5目 26段が10cm四方
[サイズ] 頭回り50cm、深さ22cm、耳当ての長さ10cm

[編み方] 耳当てを先に2枚編んでおきます。耳当ては指に糸をかける方法で作り目をして編み始め、編終りの目は休めておきます。クラウンは別糸で鎖30目を2本編んでおき、鎖の裏山から30目拾い、続けて休めておいた耳当ての目を拾い、輪に編み始めます。増減なく36段編み、トップは目を減らしながら編みます。残った目に糸を通して絞ります。作り目の別糸をほどきながら目を棒針に移し、耳当ては端1目内側から拾い目をし、縁編みを輪に編みます（棒針で拾い、輪針で編むといい）。耳当ての角は減らしながら編みます。編終りは裏を見ながら表目で伏止めにします。ポンポンを3本どりで作り(p.38 参照)トップにつけます。

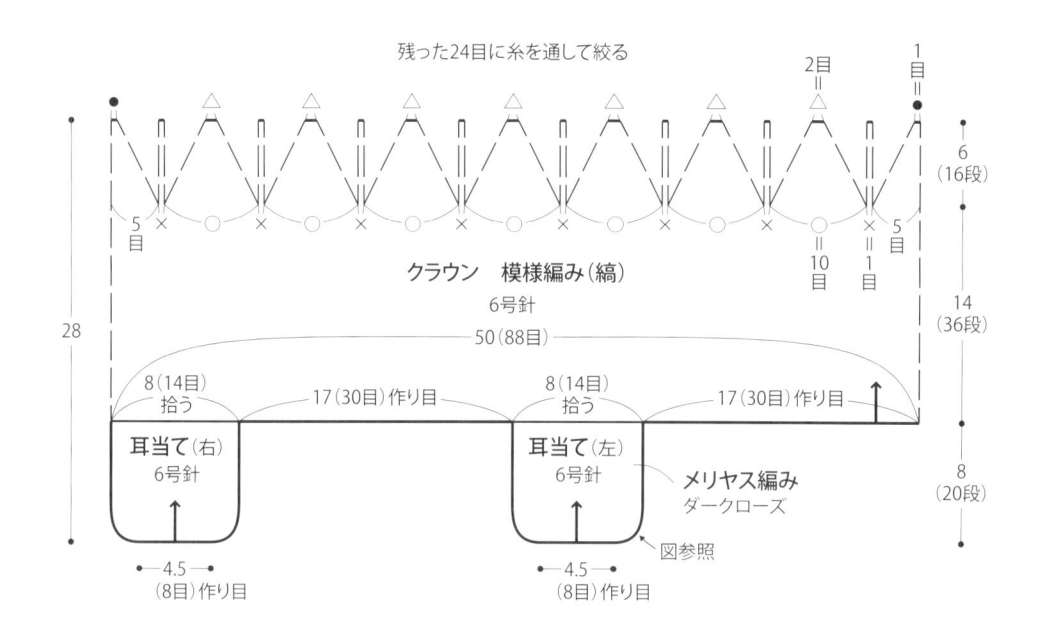

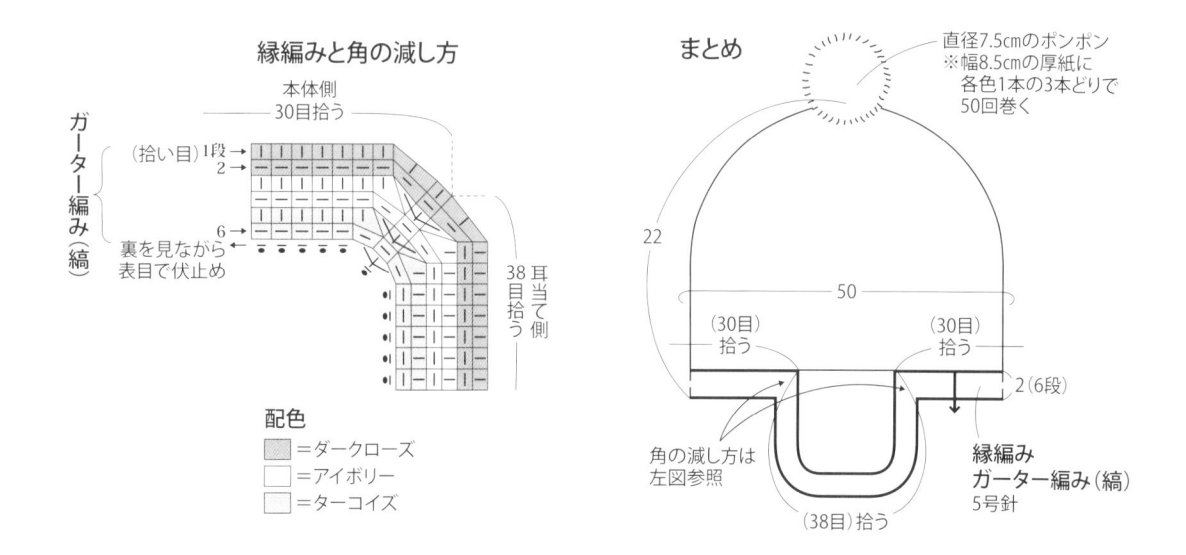

クラウン　模様編み(縞)　6号針

残った24目に糸を通して絞る

縁編みと角の減し方

本体側　30目拾う
ガーター編み(縞)
(拾い目)1段
裏を見ながら表目で伏止め
38目耳当て側

配色
■ =ダークローズ
□ =アイボリー
▨ =ターコイズ

まとめ

直径7.5cmのポンポン
※幅8.5cmの厚紙に各色1本の3本どりで50回巻く

角の減し方は左図参照

縁編み
ガーター編み(縞)
5号針

模様編み(編)

後ろ中央
前中央

耳当て(左) メリヤス編み
耳当て(右) メリヤス編み

□ = |
● = ⚭ (6/0号針)
※かぎ針に目を移し、鎖1目、中長編み3目の玉編み、鎖1目で目を引き締めて、棒針に戻す

配色
= ダークローズ
= アイボリー
= ターコイズ

右上2目一度（裏目）

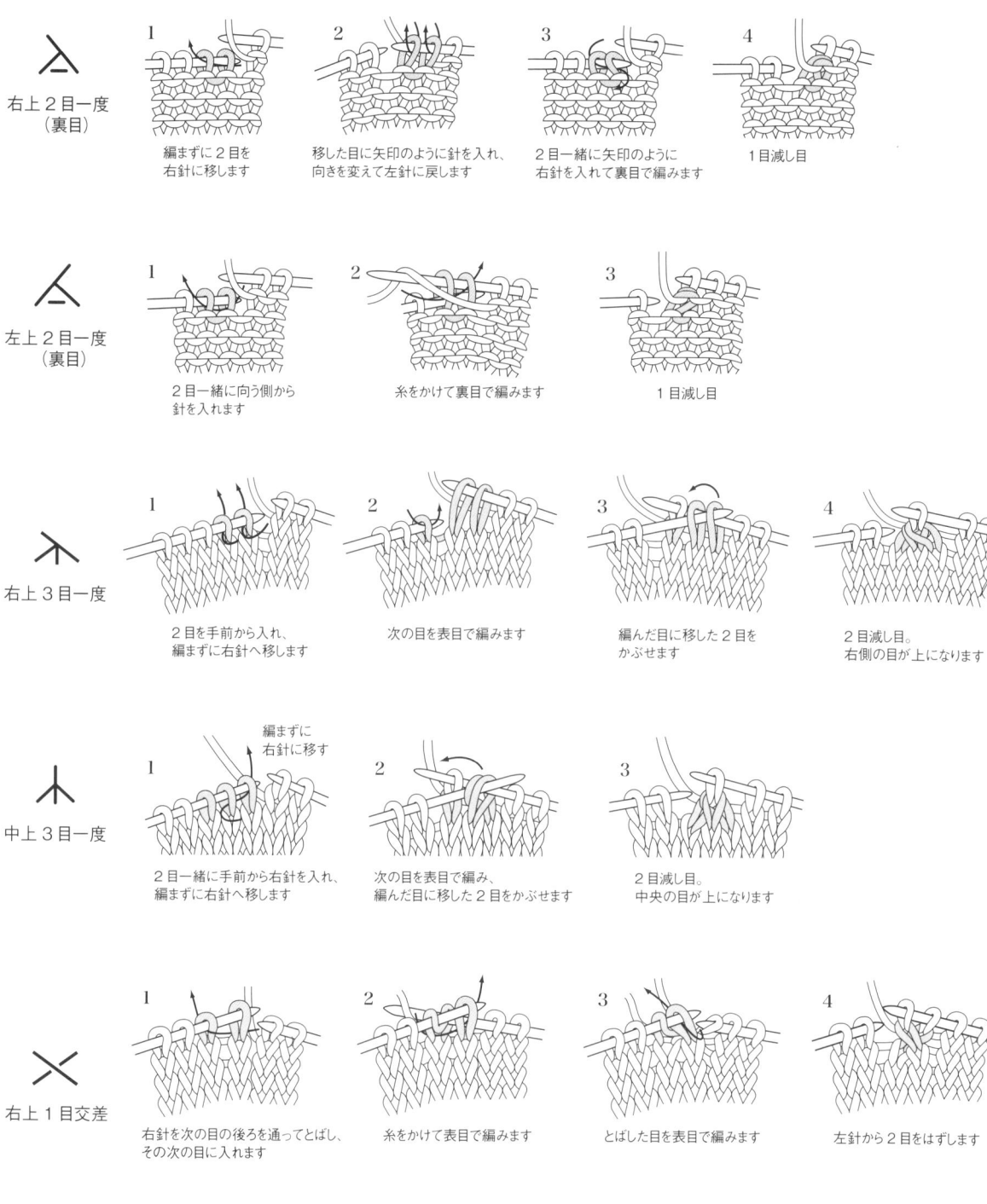

1 編まずに2目を右針に移します

2 移した目に矢印のように針を入れ、向きを変えて左針に戻します

3 2目一緒に矢印のように右針を入れて裏目で編みます

4 1目減し目

左上2目一度（裏目）

1 2目一緒に向う側から針を入れます

2 糸をかけて裏目で編みます

3 1目減し目

右上3目一度

1 2目を手前から入れ、編まずに右針へ移します

2 次の目を表目で編みます

3 編んだ目に移した2目をかぶせます

4 2目減し目。右側の目が上になります

中上3目一度

1 2目一緒に手前から右針を入れ、編まずに右針へ移します

2 次の目を表目で編み、編んだ目に移した2目をかぶせます

3 2目減し目。中央の目が上になります

右上1目交差

1 右針を次の目の後ろを通ってとばし、その次の目に入れます

2 糸をかけて表目で編みます

3 とばした目を表目で編みます

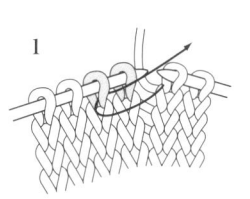

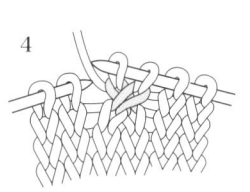

4 左針から2目をはずします

左上1目交差

1 右針を次の目の前を通って1目とばし、その次の目に入れます

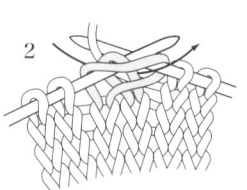

2 目を手前に引いて糸をかけて表目で編みます

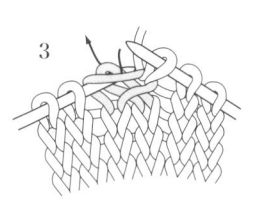

3 とばした目を表目で編みます

4 左針から2目をはずします

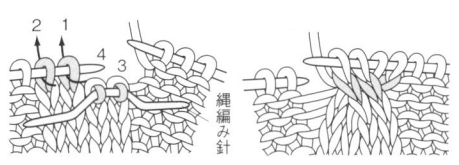

右上2目交差

右の2目を手前に休め、1と2の目を表目で編んでから、休めておいた2目を表目で編みます。目数が変わっても同じ要領で編みます

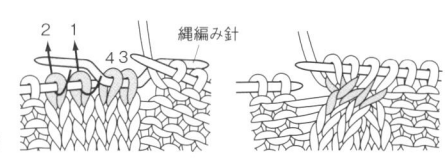

左上2目交差

右の2目を向う側に休め、1と2の目を表目で編んでから、休めておいた2目を表目で編みます。目数が変わっても同じ要領で編みます

かぎ針のボッブル

中長編みの場合も同じ要領で編む

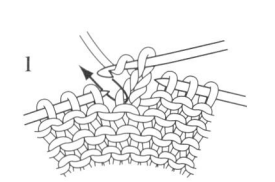

1. 前段の目にかぎ針を入れて引き出し、鎖2目編みます
2. 糸をかけて引き出し、未完成の長編みを3目編みます
3. 糸をかけて一度に引き抜きます
4. 目を右の棒針に移して次の目を編みます

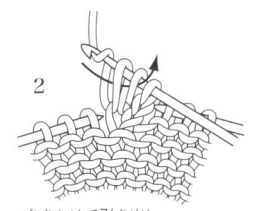

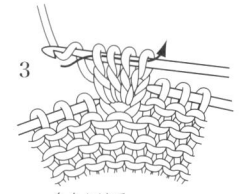

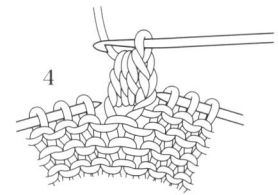

別糸を使った作り目から拾う方法

(72ページの別糸を使って作る作り目では、作り目をほどいて目を拾い、縁編みなどを編みます)

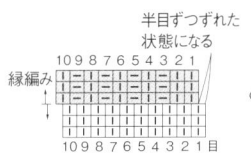

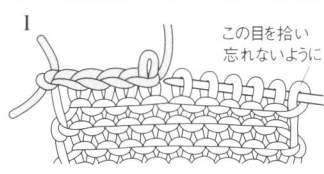

半目ずつずれた状態になる

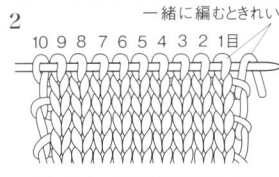

1. 裏を見て拾います（この目を拾い忘れないように）
2. 拾い終わって編み地を表に返します（一緒に編むときれい）
3. 縁編みを編みます

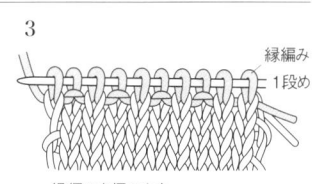

伏止め（表目）

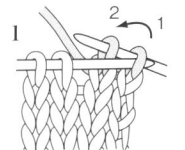

1. 端の2目を表目で編み、1の目を2の目にかぶせます
2. 次の目を表目で編み、右の目をかぶせることを繰り返します
3. 最後の目は引き抜いて糸を締めます

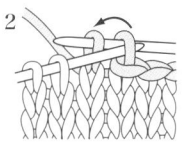

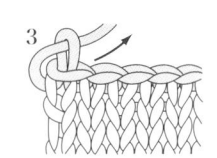

伏止め（裏目）

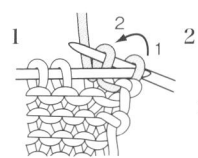

1. 端の2目を裏目で編み、1の目を2の目にかぶせます
2. 次の目を裏目で編み、右の目をかぶせることを繰り返します
3. 最後の目は引き抜いて糸を締めます

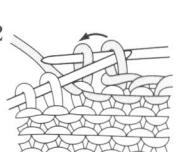

1目ゴム編み止め

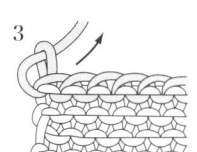

1. 1の目は手前から、2の目は向う側から針を入れます
2. 1の目に戻って手前から針を入れ、3の目の向う側に針を出します
3. 2の目に戻って4の目に出します。ここから表目どうし、裏目どうしに針を入れていきます
4. 表目2目で終わるときは、最後の目に針を入れます
5. 1目手前の目の手前から針を入れて、最後の目の向う側から入れます

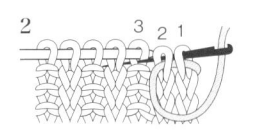

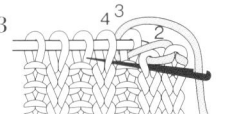

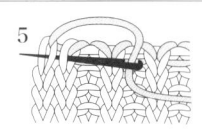

輪編みの1目ゴム編み止め

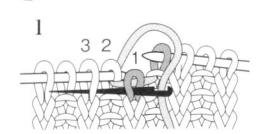

1. 1の目をとばして2の目の手前から針を入れて抜き、1の目に戻って手前から針を入れ3の目に出します
2. 2の目に戻って向う側から入れ、4の目の向う側へ出します。ここから表目どうし、裏目どうしに針を入れていきます
3. 編終り側の表目に手前から針を入れ1の目に針を出します
4. 編終りの裏目に向う側から針を入れ、図のようにゴム編み止めした糸をくぐり、さらに矢印のように2の裏目に抜きます
5.

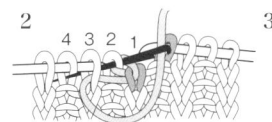

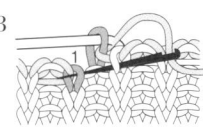

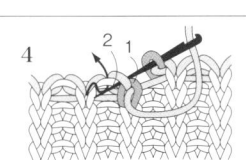

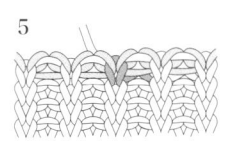

輪編みの2目ゴム編み止め

1 1の向う側から針を入れます

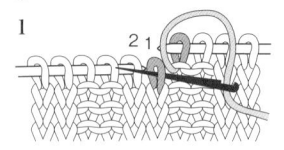

2 編終りの目に手前から針を入れます

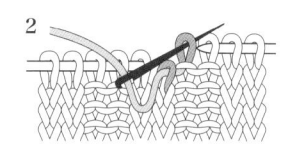

3 1、2の目に図のように針を入れます

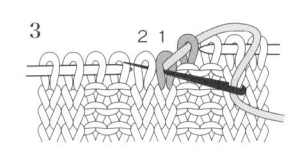

4 編終りの裏目に向う側から針を入れ、1、2の目をとばして3の目に手前から針を入れます

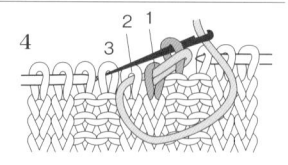

5 2に戻って、3、4の2目をとばして5の目に入れます

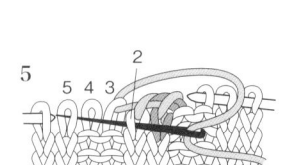

6 3、4の目に図のように針を入れます

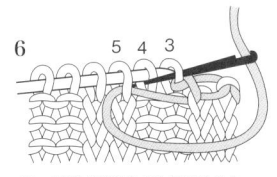

7 5、6の目に図のように針を入れます

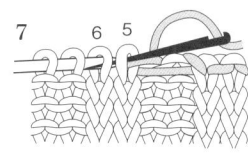

8 4に戻って向う側から針を入れ、5、6の2目をとばして7の目に針を入れます。5〜8を繰り返します

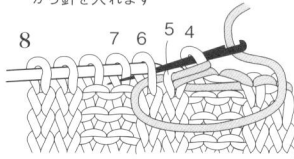

9 編終り側の表目と編始めの表目に針を入れ、最後は裏目2目に矢印のように針を入れ、引き抜きます

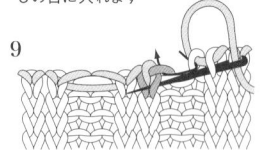

かぎ針編みの基礎

編始めの方法

1 左手にかけた編み糸に、針を内側から入れて糸をねじります

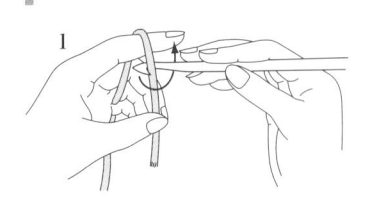

2 人さし指にかかっている糸を、針にかけて引き出します

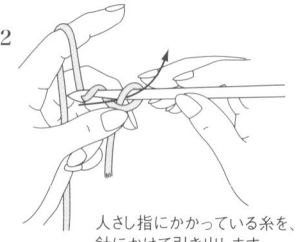

3 1目編めました。これを繰り返します

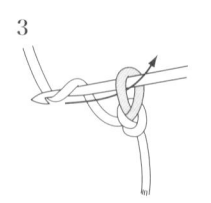

4 必要目数編みます

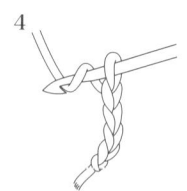

鎖目からの拾い方

1 立上り鎖3目／台の目
鎖状になっているほうを下に向け、裏側の山に針を入れます

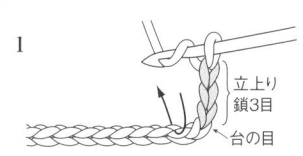

裏山

2 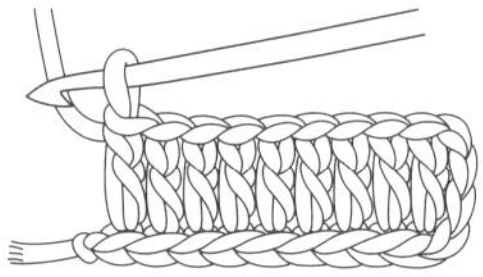 下側に鎖状の目がきれいに並びます

1重の輪の作り目

1 糸端側を手前に輪を作ります

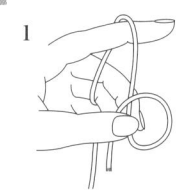

2 輪の中から糸を引き出します

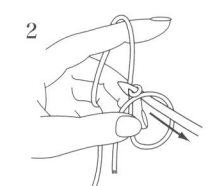

3 1目編みます。この目は立上りの目の数に入れます

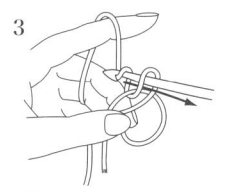

4 細編みを編むところ

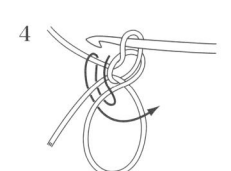

2重の輪の作り目

1. 指に糸を2回巻きます
2. 糸端を手前にして輪の中から糸を引き出します
3. 1目編みます。この目は立上りの目の数に入れます

○ 鎖編み

いちばん基本になる編み方で、作り目や立上りに使います

✕ 細編み

立上りに鎖1目の高さを持つ編み目。針にかかっている2本のループを一度に引き抜きます

T 中長編み

立上りに鎖2目の高さを持つ編み目。針に1回糸をかけ、針にかかっている3本のループを一度に引き抜きます

T 長編み

立上りに鎖3目の高さを持つ編み目。針に1回糸をかけ、針にかかっているループを2本ずつ2回で引き抜きます

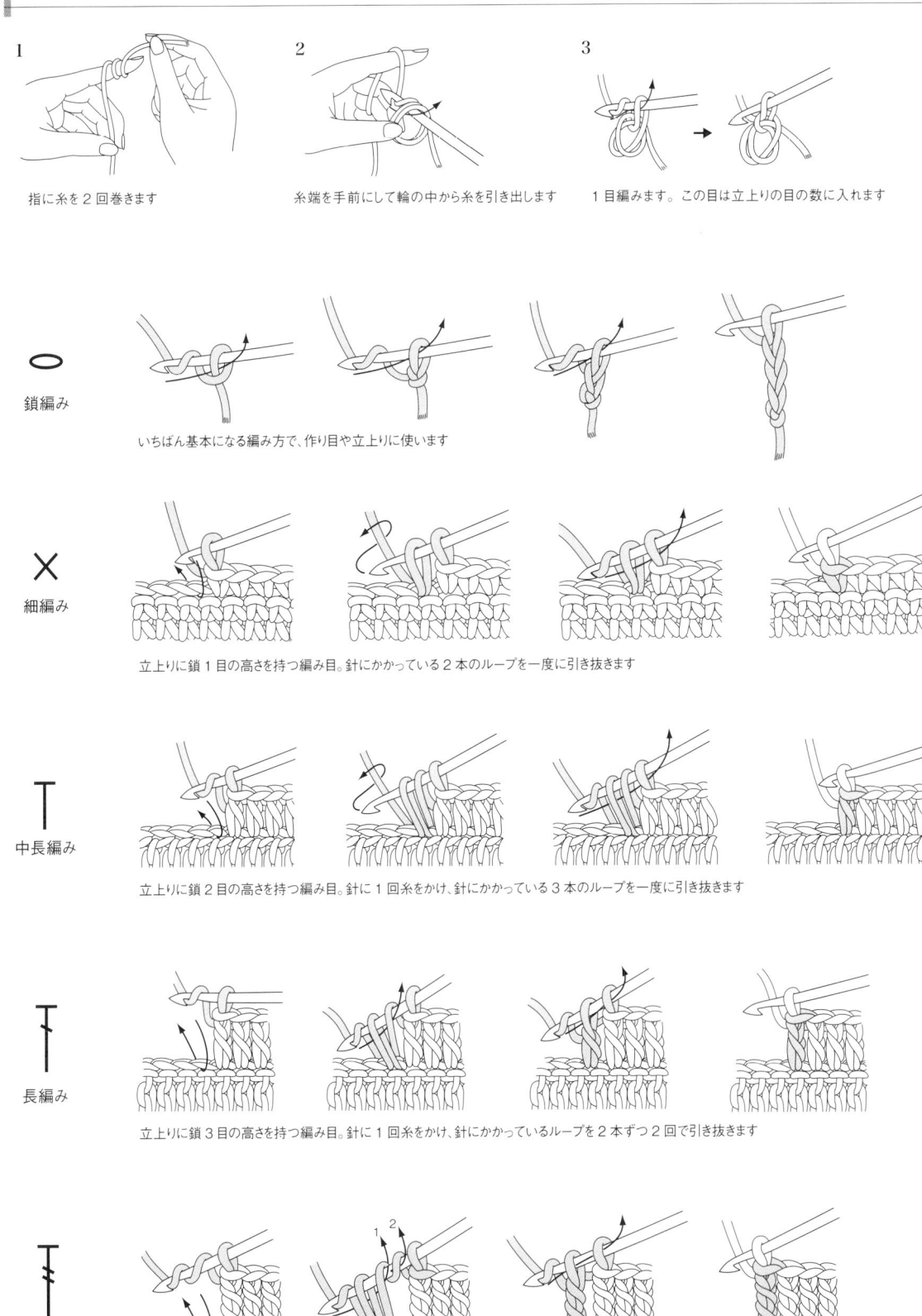

T 長々編み

立上りに鎖4目の高さを持つ編み目。針にかかっているループを2本ずつ3回で引き抜きます

引抜き編み

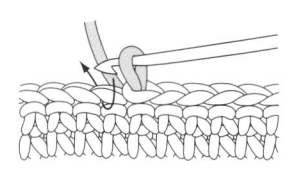

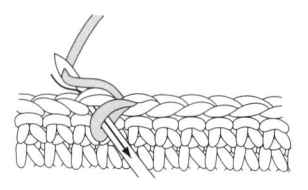

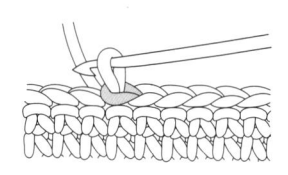

前段の編み目の頭に針を入れ、針に糸をかけて引き抜きます

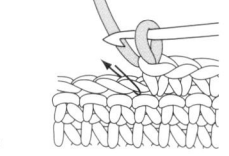

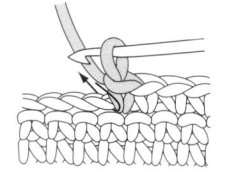

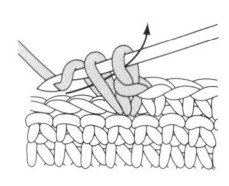

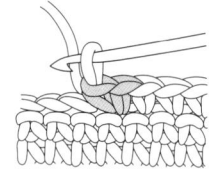

細編み2目編み入れる

1目に細編み2目編み入れます。1目増します

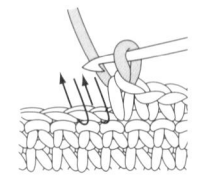

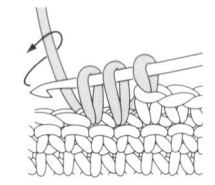

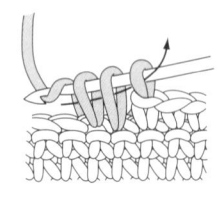

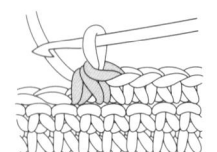

細編み2目一度

前段の目から糸を引き出しただけの未完成の2目を、針に糸をかけて一度に引き抜いて1目減らします

長編み2目編み入れる

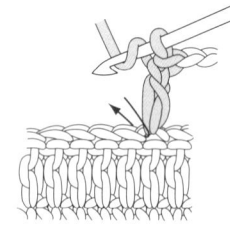

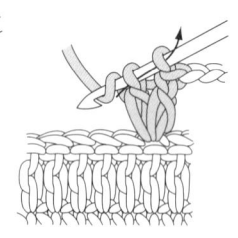

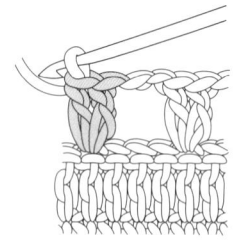

1目に長編み2目編み入れます。1目増します

長編み2目一度

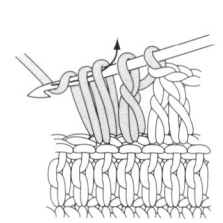

未完成の長編み2目を一度に引き抜いてできる編み目。1目減らします

中長編み3目の玉編み

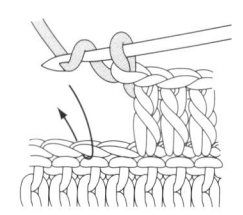

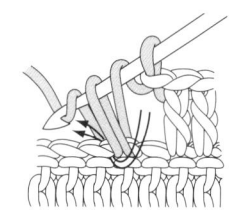

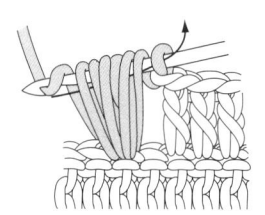

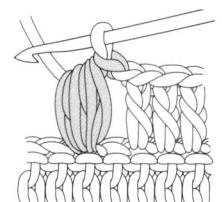

立上りは2目。未完成の中長編み3目を一度に引き抜きます

長編み
3目の玉編み

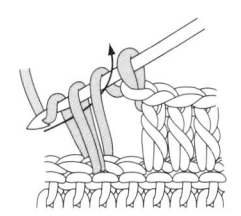

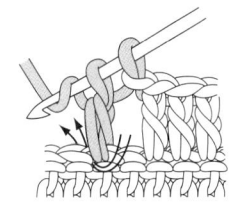

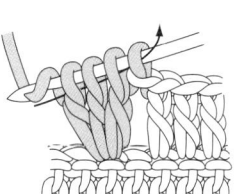

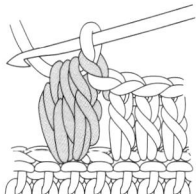

立上りは3目。未完成の長編み3目を一度に引き抜きます。目数が変わっても同じ要領で編みます

ピコット
（細編みに引き抜く場合）

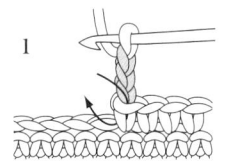

1 鎖3目を編み、細編みに編み入れます

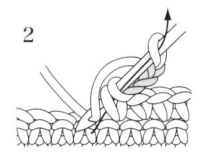

2 針に糸をかけ、針にかかっている3目を引き抜きます

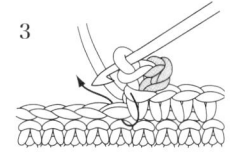

3 次の目に細編みを編みます

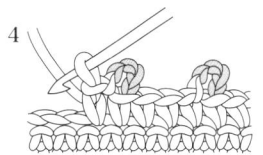

4

長編みの
表引き上げ編み

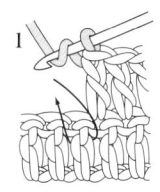

1 前段の目の長編み1目を手前から拾います

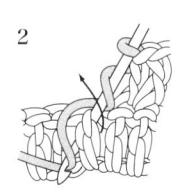

2 針に糸をかけ、針にかかっている長編み1目を引き抜きます

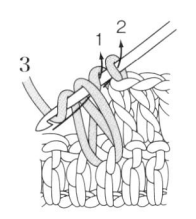

3 長編みの要領で編みます

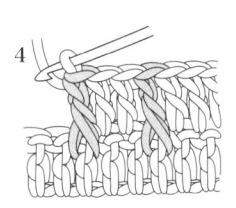

4

バック細編み

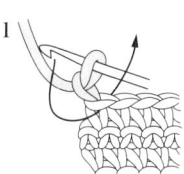

1 鎖1目で立ち上がり、針を手前から回して入れます

2 針に糸をかけて、細編みの頭だけ引き抜きます

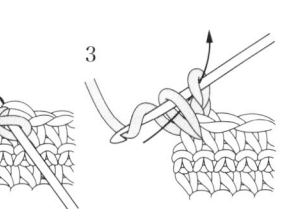

3 針にかかっている2目を一度に引き抜きます

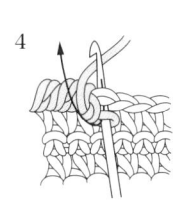

4 2と同様に編みます

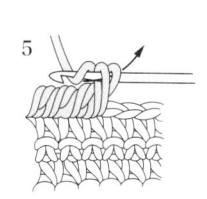

5

引抜きはぎ

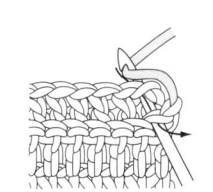

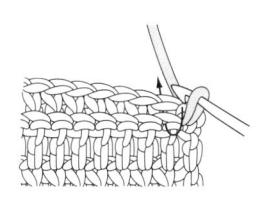

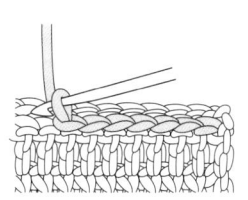

編み地を中表に合わせ、2枚の目の頭2本ずつを拾って引抜き編みを編みます

作品デザイン	青木恵理子
	岡本啓子
	風工房
	柴田 淳
	野口智子
	兵頭良之子
製作協力	池上 舞
	鈴木恵美子
	土橋満英
	宮崎満子
	宮本真由美
	森 静代
	矢部久美子
	若林眞智子
ブックデザイン	林 瑞穂
撮影	古川正之　安田如水（文化出版局）
スタイリング	吉村結子
ヘア＆メイク	廣瀬瑠美
モデル	kanoco　大橋寿乃
トレース	WADE LTD.　深江瑞子
校閲	向井雅子
編集協力	林 久仁子　深江瑞子　藤谷沙恵
編集	小林奈緒子　平井典枝（文化出版局）

手編みのニット帽子

文化出版局編

2014年9月14日　第1刷発行

発行者　大沼 淳
発行所　学校法人文化学園 文化出版局
〒151-8524 東京都渋谷区代々木3-22-1
TEL.03-3299-2581（編集）
TEL.03-3299-2540（営業）
印刷・製本所　株式会社文化カラー印刷

©学校法人文化学園 文化出版局 2014 Printed in Japan
本書の写真、カット及び内容の無断転載を禁じます。

・本書のコピー、スキャン、デジタル化等の無断複製は著作権法上での例外を除き、禁じられています。本書を代行業者等の第三者に依頼してスキャンやデジタル化することは、たとえ個人や家庭内での利用でも著作権法違反になります。
・本書で紹介した作品の全部または一部を商品化、複製頒布、及びコンクールなどの応募作品として出品することは禁じられています。
・撮影状況や印刷により、作品の色は実物と多少異なる場合があります。ご了承ください。

文化出版局のホームページ　http://books.bunka.ac.jp/

素材提供

●オカダヤ／マーノクレアール
・新宿本店（オカダヤ）
TEL.03-3352-5411　http://www.okadaya.co.jp/shinjuku/
東京都新宿区新宿3-23-17
・二子玉川ライズ店（マーノクレアール）
TEL.03-3707-5517　http://www.manocreare.com/
東京都世田谷区玉川2-21-1 タウンフロント6F

●ダイドーインターナショナル　パピー事業部（パピー）
TEL.03-3257-7135　http://www.puppyarn.com/
東京都千代田区外神田3-1-16　ダイドーリミテッドビル3F

●ハマナカ　www.hamanaka.co.jp
●ハマナカ リッチモア　www.richmore.jp
・京都本社　TEL.075-463-5151　京都市右京区花園薮ノ下町2-3
・東京支店　TEL.03-3864-5151　東京都中央区日本橋浜町1-11-10

●ホビーラホビーレ
TEL.03-3472-1104　http://www.hobbyra-hobbyre.com
東京都品川区東大井5-23-37

※材料の表記は2014年9月現在のものです。

撮影協力

●H（アッシュ）　TEL.03-3793-7757
(p.18　トレーナー／p.19　Usedシャツ／p.27　リメークワンピース／p.29　リメークトレーナー)

●1/2 Un-Demi Shop　TEL.03-5768-6136
(p.1・p.31　ニット、パンツ＝MIHOKO SAITO／p.11　ニット、カーディガン、p.15 下　ニット、p.24　シャツ、p.28　マフラー＝1/2 Un-Demi)

●H3O Fashion Bureau　TEL.03-6438-9710
(p.6　ネックレス＝CURATED／p.16　ニット＝VIVETTA／裏表紙・p.30　コート＝TBA)

●クープ・ドゥ・シャンピニオン　TEL.03-6415-5067
(表紙・p.7　ワンピース／p.13　ワンピース／p.15 上　キッズワンピース／p.18　コート／p.19　カーディガン／p.24　カーディガン／p.28　カーディガン＝すべてアンティパスト)

●Santa monica 表参道店　TEL.03-3498-3260
(p.17　刺繡シャツ、オーバーオール、ネルシャツ、ピンバッジ／p.26　ピンバッジ＝すべてUsedアイテム)

●G2?　TEL.03-5786-4188
(p.11　イアリング／p.22　ニット、つけ衿＝すべてUsedアイテム)

●JUMPIN' JAP FLASH　TEL.03-5724-7170
(p.8　リメークガウン／p.5・p.25　Usedワンピース／p.10　バッジ／p.12　Usedシャツ／p.15 下　Usedスカーフ)

●SHOWROOM ICON　TEL.03-6805-1304
(p.10　ワンピース、p.14　トップ＝SHO KURASHINA／p.20　ニット＝5PREVIEW)

●DAILYSHOP　TEL.03-6416-0755
(p.6　トレーナー／p.12　ワンピース／p.21　コート、ニット＝すべてID DAILYWEAR)

●MACH55 Ltd.　TEL.03-5784-3555
(p.8　ストール＝mantas ezcaray／p.9　コート、シャツ、p.26　トレーナー、p.28 リュックサック＝MASTER&Co.／p.29　ストール＝RK OVERSEAS)

●eunoia design store　TEL.0467-33-4488
(p.23　ジャケット、ジャンプスーツ＝La Miniatura)